JORGE PORCEL

EL

Y

EDITORIAL
Vida

DEDICADOS A LA EXCELENCIA

El humor y yo

©2002 EDITORIAL VIDA

Miami, Florida 33166-4665

Edición: *Eugenio Orellana*

Diseño interior: *Jannio Monge*

Cubierta e ilustraciones: *Khato Studio*

ISBN: 0-8297-3418-X

Categoría: *Vida Cristiana*

Impreso en Estados Unidos de América

Printed in the United States of America

02 03 04 05 06 07 ❖ 06 05 04 03 02

CONTENIDO

    Luis Sandrini
    Fidel Pintos
    Pepe Biondi
    Juan Carlos Altavista
    Tato Bores
    Alberto Olmedo
    Olinda Bozán, Pepita Muñoz y Diana Maggi
    Jorge Luz
    Nini Marshall
    José Marrone
    Enrique Pinti
    Les Lutiers
    Los autores
    Los más grandes dibujantes y caricaturistas

Tercera Parte

Dedicatoria

Dedico este libro a todos los comediantes y humoristas que con la risa han hecho felices a tantas generaciones. Hacer reír no es una tarea fácil; al contrario, día a día se torna más difícil arrancarle una carcajada a este mundo donde cada vez son más los que sufren. Mi reconocimiento, pues, a aquellos que con su gracia han hecho olvidar aunque sea por un momento las penurias, tristezas y conflictos de la vida.

A todos ellos, muchas gracias.

Agradecimientos

A Esteban Fernández, a Nahum Sáez,
a Eugenio Orellana y a Khato.

Prólogo

Entre tanta fantasía sobre lo humano y lo divino, la mitología griega nos pinta un cuadro interpretativo de la vida que parece completamente ausente de humor. La vida, se dice, es comparable a un hombre que tiene que subir una cuesta cargando sobre sus hombros una pesada roca. Cuando llega a la cima, echa a rodar la roca cuesta abajo, inicia él mismo el descenso, al llegar al llano la toma, se la pone sobre sus hombros y emprende el ascenso nuevamente, y así *ad infinitum*. Evidentemente, una concepción pesimista de la vida. Oscura, opaca, tristona. Como para no querer vivirla.

Imaginémonos al mismo hombre, cargando la misma roca, ascendiendo la misma ladera pero con un brillo alegre en su mirada. Un brillo que tiene su origen en el arte que ha desarrollado de descubrir cosas nuevas en cada ascenso. Hormigas que se cruzan en su camino, llevando su propia carga, ráfagas de aire cada vez diferentes que transportan aromas distintos: a pasto fresco, a flores silvestres, a excremento de vaca; tonalidades de luz cambiantes con cada momento que pasa; mil cantos distintos de pequeños seres de la naturaleza. Gritos lejanos de niños que juegan, sirenas de fábricas que inician o terminan sus jornadas, un sol que se oculta y una luna que inicia su recorrido interminable por el espacio sideral. El hombre de la mirada alegre, sube la cuesta disfrutando de cada uno de estos detalles que le dan un colorido y un sentido cautivante a la vida. Y cuando llega arriba, se apresura a echar a rodar la roca y corre tras ella para volverla a cargar, rápido, para no perderse nada de lo bello que ameniza su paso y lo hace ligero y cautivante.

Todo es cuestión de actitud. Ya lo dijo Enrique Jardiel Poncela en «Espérame en Siberia, vida mía»: Quien se libra durante años enteros de morir atropellado por un camión, acaba muriendo atropellado por un triciclo; o, Malo es verse perseguido por una mujer, pero es mucho más malo verse perseguido por varios hombres (sobre todo si estos visten uniformes de policías, agrego yo).

Durante tres meses, Jorge Porcel y yo hemos vivido una aventura que ha tenido de todo y que como corolario final, ha resultado en un libro de casi 300 páginas caratulado para todo público. En este peregrinar, hemos reído, hemos llorado un poco de sentimiento y otro poco de la risa, hemos unido nuestros sentimientos al punto que casi podría decir que nadie como yo, en estos tres meses, ha estado más cerca de Porcel, excepción hecha, por supuesto, de su esposa Olguita, su hija María; Conchita, su asesora del hogar y el control del televisor. Desafío a cualquiera que me apueste que ha visto reírse con más ganas a Porcel que yo en estos tres meses. A dos metros y medio de distancia el uno del otro, mirándonos siempre de frente (al punto que cuando lo veo de perfil me parece alguien a quien nunca había visto antes), no se me escapa gesto ni sentimiento. Lo he visto recordar con profunda nostalgia a sus compañeros de comedia de hace años y yo mismo me he emocionado cuando, con trazos breves pero certeros, me habla de alguno de ellos a quien recuerda casi en el instante mismo en que descendiera para siempre del tranvía de la vida. «Chau, Pepe, saludame a Olmedo» es su sencilla despedida de alguien que marcó una huella profunda en su vida. Pepe Biondi, Juan Carlos Altavista, Alberto Olmedo, Jorge Luz para mencionar solo a algunos de los compañeros de Porcel que incursionan con él por las páginas de este libro ofreciendo generosamente pasajes divertidos de sus vidas de cómicos profesionales.

Jorge Porcel es una mina de oro humorístico que no se agota con nada. Es cuestión de que toque el botón preciso («No toca botón», véase sección dedicada a Alberto Olmedo) para que eche a andar la maquinaria de sus recuerdos, cuyos engranajes van calzando perfectamente y produciendo, a cada giro que dan, pepitas de oro que, unidas en un todo armónico, terminan siendo el libro que el lector tiene en sus manos.

¿Del Porcel de las gatitas, de las vedettes y de la Tota del pasado, queda algo? Sí, queda algo, pero lo que queda subyace en su mente en un nivel cada vez más desactivado. Su lugar lo ha tomado la convicción que lo domina ahora y que no es otra que hacer reír con su talento humorístico de siempre pero en un contexto de servicio y adoración a Dios.

Al final del libro hace una declaración importante porque precisamente en ella se encuentra la explicación que muchos han buscado en el cambio de rumbo que ha experimentado desde que conoció a Jesucristo: de alguna manera tenía que romperse el círculo que lo mantenía atrapado en lo que él llama «el humor transgresor» (véase la sección *El destape*). Y el círculo vicioso lo rompió el propio Señor con su poder espiritual, como ha hecho con tantos de nuestros propios círculos viciosos.

De modo que lo que Porcel entrega generosamente en *El humor y yo* conserva toda la gracia, chispa y picardía que siempre le conocimos, pero ahora ya sin aquella motivación de la que se siente liberado.

El humor contenido en este libro lo hará reír, pero también lo hará pensar. Lo ayudará a cargar la roca cuesta arriba, pero también lo ayudará a entender que en la vida hay infinidad de elementos que están ahí, para quien los descubra, con el propósito de enseñarnos que así como existe la felicidad, la alegría de un diálogo simpático entre Manolo y Pepe pueden hacernos lanzar una carcajada espontánea y liberadora. Al lograr esto, se habrá alcanzado la meta del libro: hacer reír como una forma de reconocer la grandeza del Dios Omnipotente, creador de cielos y tierra y todo lo que en ellos hay.

Eugenio Orellana
Miami, Florida, mayo 1 del 2002

Introducción

En las siguientes páginas usted encontrará historias, anécdotas y datos biográficos de algunos de sus comediantes favoritos. Faltan muchos, porque querer incluirlos a todos con sus nombres, apellidos y sus partes más sobresalientes sería una tarea imposible. Encontrará, además, definiciones y análisis sobre el humor en un lenguaje accesible; relatos que al recordarlos me han llenado de emoción porque ya los creía olvidados pero que han ido saliendo uno a uno del archivo de mi corazón. Encontrará nombres de humoristas que siguen teniendo la vigencia que nunca perdieron y de otros quizás desconocidos para usted pero que han hecho volver a la memoria pasajes que en su momento fueron inolvidables.

Todo este compendio de datos y recuerdos son la excusa para que usted descubra en este libro que Dios está presente en todas las cosas, incluyendo el humor. Esto me costó entenderlo y aceptarlo. No fue fácil, pero puse todo en las manos de Dios quien armónicamente y a su debido tiempo fue operando un cambio en mí, sacándome de ese humor transgresor del cual hice gala y con el cual me divertí por tantos años. Dios, en su infinita misericordia me sigue cambiando en forma gradual; es una batalla que libro todos los días contra las mismas tentaciones y pruebas a las que estoy expuesto cotidianamente.

Jorge Porcel

Primera
Parte

Capítulo 1

Qué es el humor

La expresión técnica de humor tiene varios matices que constituyen irónicos ataques contra las costumbres de la naturaleza humana y todo lo que la rodea. Todos coinciden en mostrar la realidad cotidiana desde una perspectiva más o menos real. El término latino *humor* quiere decir «líquido», «humedad». De ahí adquirió un sentido más especializado y pasó a designar los fluidos del cuerpo los cuales se pensaba que determinaban el carácter de una persona. El hecho de que fuese en Inglaterra donde el concepto de humor quedó por primera vez vinculado a lo cómico hizo que durante mucho tiempo el humor se considerara como una cualidad característica del pueblo británico. Sin embargo, la tendencia a mostrar la inconsistencia de la sociedad y a burlarse de ella se manifestó desde los tiempos más remotos en la literatura de todos los países.

Humor blanco

Es ese tipo de humor inocente, casi siempre para niños, que no hace uso de enredos de conceptos o juegos de palabras sofisticados. Ejemplo: Un huevito, mirando de reojo la sartén con aceite, le dice a otro huevito: «Estamos fritos». O, Un niño le dice a la mamá: «Mamá, en la escuela me dicen que soy un distraído, que no me doy cuenta de lo que hago. ¡Ya estoy cansado que me digan esas cosas!» «Hijito, siento decirle pero esta no es su casa ni yo soy su mamá. Usted vive allí enfrente».

Humor negro

Es aquel que se vale de lo grotesco, o trata de sacar algo humorístico de aquello que en condiciones normales es repudiable y asqueroso.
Generalmente, en el humor negro se apela a una especie de insensibi-
lidad emocional innata en el ser humano para producir la risa. Ejemplo (De regreso de la escuela, el niño, quejoso, le dice a su padre):
«Papá, en la escuela me dicen mafioso. ¿Por qué me dirán mafioso?» El
padre le responde: «No tengo idea, hijo, pero quédate tranquilo que
mañana iré a la escuela a arreglar eso». El hijo (en tono suplicante):
«Pero, por favor, papá, trata que parezca un accidente».

El ridículo, el chascarrillo y el pastelazo

Basados en las características de cada grupo social, se vuelven risibles
ciertos hechos anecdóticos y que maximizan el ridículo, como el pastelazo de los estadounidenses. El chascarro es aquel hecho anecdótico que
por lo ridículo causa risa. No es un hecho ridiculizante para las personas
sino una descripción ridícula de la realidad. Es notable que a los latinoamericanos no nos haga reír el pastelazo aunque sí el chascarrillo. Ejemplo:

Era tan...

... bruto, que creía que la leche en polvo se hacía rayando
una vaca.

... fea, que no podía dormir porque cuando el sueño llegaba, huía espantado.

... pobre, que en lugar de sacar la basura, la entraba.

... inocente, que creía que el sexo estaba entre el quinto y el
séptimo.

... pequeñito, que le gustaba pasar frente a los cuarteles
para que le dijeran «¡alto!»

... viejo, que conocía al Mar Muerto cuando éste todavía
estaba enfermo.

... feo, que los ratones le comieron el pasaporte y dejaron
la foto.

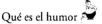

… feo, que cuando nació el doctor en vez de felicitar al padre, le entró a golpes.

… viejo aquel pueblo que los semáforos eran en blanco y negro.

… bajito, que en lugar de bajito, era hondo.

… tonto, que en el Día del Padre le regalaba flores al cura del pueblo.

… galán, pero tan tan galán que parecía campana.

… feo ese matrimonio que los primeros cinco hijos tuvieron que tirarlos.

En este tipo de humor se juega con las palabras, con situaciones extremas que son ridículas y con la burla por defectos físicos.

Perros gallegos

¿Sabéis por qué los perros de los gallegos andan todos con la cabeza vendada? Porque se lo pasan todo el día corriendo a los automóviles que están estacionados.

El cucú de Manolo

Manolo tiene un reloj cucú en el que en vez de que el pajarito salga y diga cucú, dice: «¿Qué hora es?»

Buscándose problemas

Frente al pelotón de fusilamiento, un condenado a muerte grita consignas contra el gobierno, las autoridades, el presidente: «¡Abajo Fulano! ¡Abajo Mengano! ¡Que se muera el gobernador junto con el alcalde y todos los concejales! ¡Abajo los diputados, el jefe de policía y los senadores! ¡Abajo todo el mundo!» El capitán a cargo de la ejecución se acerca y le dice, en voz baja: «Mi amigo. Tenga cuidado porque me parece que se está buscando problemas».

Capítulo 2

¿Quién crea los chistes?

Alguna vez usted debe de haberse preguntado, como yo, quién crea los chistes y los cuentos humorísticos. Porque los hay de todas clases: prohibidos, inocentes, de gallegos, de niños, de militares, etc., etc. También los hay buenos, regulares, malos, graciosos, risueños, hilarantes. ¿Quién es el que se toma el trabajo de inventarlos? Nunca he conocido a una persona que haya creado un chiste porque estos no nacen por generación espontánea. Alguien se toma el tiempo para buscar la idea, la historia y su elaboración con un final sorprendente e ingenioso. Por ejemplo, un cuento sobre los argentinos y su idiosincrasia. A los argentinos se los tiene tildados de egocéntricos y vanidosos inaguantables. Se dice que no hay mejor negocio que comprar un argentino por lo que vale y venderlo por lo que él cree que vale. Porque el armador de chistes y cuentos humorísticos tiene que conocer la idiosincrasia de cada individuo; por ejemplo, los mexicanos. Según ellos, no hay macho como el macho mexicano. Y de ahí surgió el chiste según el cual un mexicano le dice a un extranjero: «¡En México, todos somos machos!» A lo que el extranjero le replicó: «Sin embargo, en mi país no. En mi país la mitad somos machos y la otra mitad mujeres, y lo pasamos fenómeno». Para que funcione la creación de un chiste hay que descubrirle al individuo sus puntos vulnerables, las cosas de las que adolece, de lo que alardea, sus costumbres y hábitos; en fin, todo su entorno cultural.

Memoria

Paciente: Doctor, creo que estoy perdiendo la memoria.

Doctor: ¿Y desde cuándo?

Paciente: ¿Desde cuándo qué?

Ahogados

Manolo: ¡Hola, Pepe! ¿Cómo estás?

Pepe: ¡Yo, bien! ¿Y tú, Manolo?

Manolo: ¡Y... como siempre... bien!

Pepe: ¡Qué bien, Manolo! ¿Y sigues jugando al waterpolo?

Manolo: ¡No, ya no!

Pepe: ¿Y por qué?

Manolo: ¡Porque ya llevo siete caballos ahogados!

Por si acaso

Manolo: Pepe, ¿tienes un poco de agua fría?

Pepe: Sí. Sírvete tú mismo. Está en la nevera.

Manolo (abre la nevera, toma la jarra con agua fría y antes de cerrar la puerta, advierte que adentro hay una botella vacía.): Oye, Pepe, ¿para qué guardas esta botella vacía dentro de la nevera?

Pepe: Por si viene alguien que no quiere nada de beber.

El mosquito

Pepe: ¡Oye, Manolo! ¿Tu cuñado sigue tan bueno para beber?

Manolo: ¡Cada vez peor! Con decirte que le pusieron como sobrenombre «El mosquito».

Pepe: ¿Y por qué «El mosquito»?

Manolo: Porque para que deje de chupar habría que matarlo.

Capítulo 3

Los primeros cómicos

(El bufón del rey)

Si usted piensa que el bufón del rey, por el solo hecho de hacerlo reír con sus muecas, cambios de voz y cabriolas era el protegido de Su Majestad y gozaba de privilegios en la corte, está totalmente equivocado.

El hacer reír siempre ha sido un desafío, especialmente para nosotros los cómicos profesionales. Si un amigo suyo le cuenta un chiste o un cuento que usted ya conocía, su amigo habrá fracasado. Y si le cuenta uno que usted no conocía y lo hace reír, habrá triunfado; anónimamente, pero habrá triunfado. Pero si su amigo le cuenta un chiste o un cuento de mala calidad, su amigo habrá fracasado totalmente.

Usted se preguntará a dónde quiero llegar. Quiero llegar a lo siguiente:

El éxito del humorismo del bufón del rey dependía muchas veces del estado de ánimo de Su Majestad. Por ejemplo, si llegaba con sus tropas de haber triunfado en una batalla, el rey estaba feliz y el bufón, hiciese lo que hiciese se vería colmado de felicitaciones y de regalos. Pero si la reina le decía al rey: «¡Mamá viene a vivir con nosotros!» el bufón, si no lograba hacerlo reír ese día, corría el peligro de que el rey no solo no festejara sus cabriolas sino que lo condenara a cadena perpetua y hasta ordenara que le cortaran la cabeza.

Dice la leyenda que por el año 1500, un soldado de la guardia real fue sorprendido besando a la hija del rey. Este, apenas se enteró, hizo

28

que llevaran de inmediato a su presencia al insensato que había osado poner sus ojos en la joven princesa (además de sus labios). En muy pocos minutos, Su Majestad y el profano estaban frente a frente. Después de un breve silencio, se produjo el siguiente diálogo:

Rey: ¿Tenéis idea de lo que habéis hecho, imberbe?

Soldado: ¡Yo no hice nada, Majestad, lo juro!

Rey: ¿No mentís?

Soldado: ¡No, Majestad! Os juro que no miento.

Rey: ¿Estáis seguro?

Soldado: ¡Seguro, Majestad!

Rey: ¿Y esa mancha roja que tenéis en los labios? ¡Esa mancha os delata!

Soldado: ¿Cuál mancha...? ¿Ah... esa mancha? Es que acabo de comerme una hamburguesa y me manché con salsa *ketchup*.

Rey: Así es que salsa *ketchup*, ¿eh?

Soldado: ¡Sí, Majestad! A la hora del *lunch* fui a McDonald a servirme una hamburguesa.

Rey (furioso): ¿McDonald? ¿Habéis dicho McDonald?

Soldado: Sí, Majestad. ¿Por qué? ¿Hay algún problema?

Rey (aun más furioso): ¡Pero pedazo de salame! ¿Cómo habéis ido a McDonald sabiendo que yo tengo un canje publicitario con Burger King?

Soldado: Perdone usted, Majestad, pero no lo sabía.

Rey: ¿Cómo que no lo sabíais? ¿Y la propaganda que está pegada en los carteles por toda la comarca, qué dice?

DESDE EL PRINCIPIO HASTA EL FIN
EL REY COME EN BURGER KING

El consejero del rey (interviniendo por primera vez aunque había estado allí desde el principio): Perdone que lo interrumpa, Majestad, pero le sugiero que este asunto lo termine rápido mire que dentro de diez minutos comienza la trasmisión de la final de la Copa Mundial entre Argentina e Inglaterra.

Rey: ¿En serio?

Soldado (eufórico): ¡Argentina! ¡Argentina! ¡Argentina!

Rey (furioso): ¡Insensato! ¿Cómo osáis gritar Argentina, Argentina frente al rey de Inglaterra?

Soldado (absolutamente irrespetuoso): ¡Argentina! ¡Argentina! ¡Devuélvannos las Malvinas!

Rey (fuera de sí): ¡Rápido! Que lo arrojen a los leones. ¡A los leones!

Soldado (temblando): ¡Escúcheme Don Francisco, a los leones no, a los leones no.

Consejero: Permítame, Majestad. ¿Y si en vez de tirarlo a los leones, lo condenamos a una pena peor?

Rey (sorprendido): ¿Puede haber algo peor que echarlo a los leones, consejero?

Consejero (absolutamente convencido): Sí, Majestad. Podemos condenarlo a que vea veinte horas por día telenovelas mexicanas.

Soldado (cayendo de rodillas): ¡No, por favor! Telenovelas mexicanas, no! ¡Prefiero los leones!

Rey: ¿Así es que no queréis telenovelas? ¡Está bien! Ahora, por discutir mis órdenes, ¡os condeno a la silla eléctrica!

Consejero (con cara de preocupado): ¡Tenemos un problema, Majestad! Nos cortaron la luz por falta de pago. Y para colmo, se nos acabaron las pilas. Lo único que nos queda son velas.

Rey (resuelto): ¡No importa! ¡De todos modos le aplicaremos la pena máxima!

Soldado (sorprendido, da un paso atrás): ¿Qué? ¿Me cobraron penal?

Dice la leyenda que la ocurrencia dicha por el soldado hizo tanta gracia al rey que le perdonó la vida, lo invitó a ver el partido junto con él en el televisor real y hasta le permitió gritar los goles de Argentina.

Foto rara

Manolo: ¿De dónde vienes, Pepe?

Pepe: Del Departamento de Policía. Acabo de sacar la cédula nueva.

Manolo: Dejame ver cómo saliste.

Pepe (pasándole la cédula): ¿Cómo salí?

Manolo: Negro y arrugado.

Pepe: ¡Estás mirando la huella digital, animal!

Por las nubes

Pepe: ¡Qué caro está todo! Está todo por las nubes. No se puede tomar leche, qué digo leche, ni vino, ni cerveza, y no hablemos de jamón. ¡Qué miseria!

Manolo: Me lo vas a decir a mí que la última vez que comí carne fue cuando me mordí la lengua.

Inconveniente

Pepe: ¿Se puede saber por qué llegaste tan tarde?

Manolo: Es que tuve un inconveniente en el camino.

Pepe: ¿Qué inconveniente?

Manolo: Resulta que caminando para acá y al cruzar el parque, veo que un viejito de unos 90 años que había salido del banco venía contando la plata de su jubilación. En eso lo paran cuatro tipos con la cara tapada y le empiezan a pegar para que les entregue el dinero. Entonces yo me dije: «Cuatro contra uno, no puede ser. Me meto. No me meto». Me metí y lo agarramos entre los cinco al viejo que casi lo matamos.

Capítulo 4

El circo: el humor más puro

¿Usted alguna vez fue a un circo? Seguro que sí. ¿Se ha fijado en la expresión de los rostros de los niños? ¿Cómo sus ojos registran con atención lo que van viendo del espectáculo? En las miradas de estas criaturas usted podrá advertir una total felicidad. Desde el momento que se apagan las luces y se escucha la banda, no se pierden detalle del más puro de los espectáculos: el circo. Sus gestos de asombro se acentúan ante la presencia de los animales, especialmente de los leones.

El temor que les produce ver a los acróbatas volando por el aire aumenta cuando ven a un equilibrista caminar por un alambre extendido a varios metros sobre el nivel del suelo, pero cambian de manera radical cuando aparecen los monos. ¡Que vivan los monos! ¡Me gustan los monos! ¡Cómo me gustaría tener un mono en mi casa porque con un mono en mi casa mi suegra tendría con quien hablar e intercambiar opiniones y yo no lo digo porque mi suegra sea fea, al contrario, es monísima. Es tan mona que cuando murió Tarzán estuvo dos años de luto. Volviendo a lo nuestro… ¿de qué estábamos hablando? ¡Oh, sí! Estábamos hablando del circo, de cómo los niños gozan cuando aparecen los chimpancés que en francés quiere decir champan sec ¿o no?

Pero cuando más se divierten los niños y los grandes es cuando los simpáticos y graciosos payasos aparecen saludando a los gritos. Y para qué hablar de la hilaridad que provocan los enanos con su sola presencia, porque los enanos todo lo hacen de forma graciosa. Cuando hablan, cuando caminan, cuando tropiezan y se caen lo hacen de tal ma-

33

nera que se roban el espectáculo. Porque los acróbatas, al igual que el equilibrista si se caen tienen una red que los protege, a los leones les faltan todos los colmillos, además se lo pasan bostezando, en cambio los payasos y los enanos son el alma del circo, porque un circo sin payasos y sin enanos es lo mismo que un baile sin música o un chocolate sin churros.

Yo tuve la suerte de tener mi circo propio, mejor dicho, los hermanos Gasca, pertenecientes a una familia propietaria de los circos más famosos de México cuando llegaron a Buenos Aires vieron el programa que yo hacía para niños llamado «El circo más gordo del mundo» me contrataron como figura principal para trabajar como payaso. El circo llevaba mi nombre, GRAN CIRCO PORCEL. Nunca me hubiera imaginado que alguna vez yo tendría mi propio circo. Los hermanos Gasca, a quienes les estoy agradecido eternamente me colmaron de atenciones. Mi camarín era una moderna casa rodante con todo el confort. Al segundo día vino un zapatero a tomarme las medidas para hacerme los clásicos zapatones que usan los payasos. En eso estábamos cuando veo que entra al camarín un enano de nombre Chori. El payaso-enano era muy conocido en México. Él fue mi maestro. Era un hombre educado y gentil, dueño de una larga experiencia en espectáculos circenses. Me enseñó toda clase de trucos: cómo hablar, cómo caminar, cómo caer sin lastimarme, cómo pintarme la cara, cómo ponerme la nariz y muchas cosas más hasta que llegó el día del estreno.

El circo estaba lleno de chicos con sus padres. Yo estaba pintándome en mi camarín cuando mientras hablaba con Chori veo en su rostro una mueca de terror a la vez que gritaba: «¡El Chango! ¡El Chango!» Me di vuelta y ¿qué veo? En la puerta estaba parado Joe, el chimpancé del circo, mirando fijo al enano mientras este gritaba: «¡Socorro! ¡Se soltó el Chango!» El chimpancé entró al camarín. Yo creí que el enano se desmayaba en cualquier momento. Menos mal que apareció el domador y se llevó al Chango a su jaula. El enano, que estaba escondido en uno de los guardarropas me preguntaba en voz baja: «¿Se fue el Chango? ¿Se lo llevaron al Chango?» Abrió una puerta lentamente y salió. Ya más tranquilo, se sentó a mi lado mientras miraba de reojo por si el mono se aparecía de nuevo. Luego me explicó que no se sabe por qué razón los chimpancés no pueden ver a los enanos. Chori ya había tenido una triste experiencia en otro circo.

Se dice que el chimpancé tiene la fuerza de cinco hombres.

Una tarde, Chori estaba tomando sol pegado a la carpa del circo, cuando un chimpancé que se había escapado de la jaula lo tomó de un brazo y lo empezó a rebolear como si fuera un muñeco de trapo. Alertado por los gritos desesperados de Chori, el domador llegó corriendo, justo a tiempo para ver que el chimpancé se subía a un árbol llevando al enano tomado en sus fuertes brazos. El domador intentó hacerlo bajar, pero no pudo. Luego llegaron otros cinco hombres que tampoco pudieron hacer nada hasta que el mono, por iniciativa propia, soltó al pobre Chori. Desde ese día, el enano con solo oír la palabra chimpancé no hallaba dónde meterse.

El espectáculo ya había comenzado. Yo salí con la cara pintada, una camiseta a rayas, unos pantalones con enormes tiradores y los clásicos zapatones. Esa tarde mi corazón se llenó de gozo y júbilo al oír las carcajadas de cientos de niños. Cuando estaba terminando mi actuación Chori y yo, mientras saludábamos a los niños, le dije en voz baja: «¡Ahí viene el Chango!» Nunca vi a un enano correr tan rápido. Los hermanos Gasca, que estaban a un costado de la pista no entendían nada, mientras yo me moría de risa.

La tuya

Marido: ¿Qué es lo que te pasa, querida, que últimamente te noto tan cambiada?

Esposa: ¡Está bien! ¡Te lo diré! Hace treinta años que estamos casados. He soportado todo lo que puede soportar una esposa. A ti te gustaban los perros, a mí no; sin embargo, te soporté tres perros. A ti te gustaba el fútbol, a mí no; sin embargo, te acompañé al estadio todas las veces que quisiste que fuera contigo. A ti te gustaba hablar de política, a mí no; sin embargo, te soporté treinta años hablando de política. A ti te gustaba salir de juerga con tus amigos, a mí no; sin embargo, te soporté treinta años que volvieras a casa a deshora y en mal estado. Pero hay algo que ya no te soporto más y es que tu madre viva desde hace treinta años con nosotros.

Marido: ¿Cómo?

Esposa: ¡Que no soportaré ni un día más que tu madre viva con nosotros!

Marido: ¿Mi madre?

Esposa: ¡Sí, tu madre!

Marido: ¿Pero cómo? ¿No era la tuya?

Con Tarzán

Manolo: ¡Holá! ¡Holá! ¿Está Conchita?

Pepe: ¡No! ¡Está con Tarzán!

De pesca

Manolo: ¿Vas de pesca?

Pepe: No, voy de pesca.

Manolo: Ah, yo creía que ibas de pesca.

Capítulo 5

Humor que sana

Frank llegó preocupado al consultorio de su médico de cabecera. Hacía tiempo que se venía sintiendo mal de modo que decidió hacerse un chequeo. Sentado en la antesala esperó ansioso su turno. A medida que pasaban los minutos su nerviosismo era cada vez más evidente. Algo le decía que los exámenes no habían salido bien. Y así fue. Porque cuando se sentó frente a su médico, vio que en el gesto del galeno estaba pintada la mala noticia. El médico fue claro y preciso. A Frank le quedaban de cinco a seis meses de vida. A partir de ese momento, Frank no escuchó más nada. Un sonido sordo y persistente se apoderó de todos sus sentidos. Veía cómo el médico le hablaba pero ya no escuchaba otra cosa que no fuera ese sonido que amenazaba con volverlo loco. Después de despedirse del médico, salió al pasillo y ahí estuvo sollozando en silencio por varios minutos. Salió a la calle y durante horas estuvo caminando sin rumbo fijo hasta que llegó a su casa. Al entrar y encontrarse con su madre, forzó una sonrisa. Comió en silencio, ante la preocupación de su madre que intuía que algo pasaba. Frank seguía sonriendo y hablando con sus padres casi sin prestar atención a lo que estos le decían. Estuvo viendo televisión hasta las 11 de la noche. Al llegar a su dormitorio se sentó en la cama. Con los codos apoyados en sus rodillas, puso su cabeza entre sus manos y oró. Y siguió orando hasta que se quedó dormido. Al otro día se levantó, se afeitó, se bañó, salió a la calle y se compró todas las películas cómicas, libros sobre humor y comedias que encontró. Y así durante meses. Película nueva que salía, película que compraba. Las horas las pasaba disfrutando como loco. Sus risas se oían desde todos los rincones de la casa. Parecía haberse olvidado de su enfermedad. Lo único que le preocupaba era conseguir material para divertirse. Así pasó los meses, riendo y orando. Frank había mejorado notablemente de sus dolores. Su semblante era otro. Su humor había cambiado por completo. Esa noche cuando llegó a su casa, escuchó un mensaje en la contestadora donde lo citaban para una entrevista con su médico para hablar de los resultados de sus nuevos exámenes. Al llegar al consultorio lo hicieron pasar de inmediato. Sonriendo, se sentó frente al médico y le preguntó: «¿Y, doctor, cuándo me muero?» El médico no sabía cómo empezar. Después de unos segundos de vacilación, emocionado le dijo que estaba totalmente curado, que no se explicaba cómo se había sanado de esa cruel enfermedad que había invadido todo su cuerpo, que era un milagro, etcétera, etcétera. Frank, abrazado a su médico lloró, pero esta vez de alegría.

El amor de Dios había cambiado su humor y lo sanó. El suceso es muy conocido por los médicos que conocieron el caso de Frank. Inclusive este escribió un libro donde narra lo sucedido.

Otra vez el amor de Dios se había manifestado.

Por babor

Manolo: Buenos días, marinero. ¿Me podría decir dónde puedo encontrar al capitán del barco?

Marinero: Por babor.

Manolo: Por babor, señor marinero. ¿Me podría decir dónde puedo encontrar al capitán del barco?

Con dolor

Manolo: ¿Tú sabes, Pepe, qué pescado tiene a los hijos con más dolor?

Pepe: No sé.

Manolo: El congrio.

Pepe: ¿Por qué?
Manolo: Porque el congrio pare congritos.

Por la madre

Doctor: ¡Vamos a ver! ¿Ha estado alguna vez en el hospital?
Manolo: Solo una vez y por mi madre.
Doctor: ¿Y qué tuvo su madre?
Manolo: ¡A mí!

Altísimo

Había un jugador de básquetbol que era tan alto, pero tan alto, que para encestar tenía que agacharse.

Capítulo 6

La sonrisa

¿Tan importante es sonreír?

No hay arma más eficaz que dé por tierra a una agresión que una sonrisa a tiempo. Salvo algunas excepciones, una sonrisa desarma, aplaca y paraliza al agresor en ciernes.

Una empresa estadounidense especializada en relaciones humanas, prepara e instruye a personas a ayudar a sus clientes que tienen pretensiones de conseguir un buen trabajo. Además de la buena presencia y títulos logrados es indispensable que el solicitante prepare de manera eficaz la aplicación, utilizando términos sencillos. La recomendación es usar un lenguaje claro y práctico además del poder de síntesis.

Logrado el primer paso, esta empresa se preocupa fundamentalmente de la manera con que el aspirante efectuará la entrevista y los términos en que están basadas sus pretensiones. La primera impresión es la que vale. Los primeros pasos que debe dar el aspirante al puesto al enfrentar a su empleador es vencer el temor o la timidez que muchas veces hacen trastabillar las pretensiones del aspirante.

Una simple sonrisa puede ser la llave que abrirá las puertas que deberá sortear indefectiblemente.

El objetivo de esta empresa es sonreír, sonreír en todo momento, francamente y sin exageración.

Ronquidos

Pepe: ¿Sabes una cosa, Manolo? Ronco tan fuerte que me despierto. ¿Qué puedo hacer?

Manolo: Vete a dormir a otra habitación.

Autopsia

Pepe: Manolo, he venido al hospital a felicitarte. Me enteré que hoy debutaste como cirujano. ¿Cómo te fue en la operación?

Manolo: ¿Operación? Pero cómo, ¿no era una autopsia?

Por la cabeza

Manolo: Pepe, ¿te acuerdas de Ramón, el carbonero? ¿Que parecía un hombre tan feliz? Ayer se suicidó con un tiro en la cabeza.

Pepe: ¡Pobre hombre! Para morir así ¿qué le habrá pasado por la cabeza?

Manolo: Creo que una bala.

Por teléfono

Voz: ¿Está el señor Pérez?

Manolo: ¡No! No ha llegado todavía.

Voz: ¿Y cuánto tardará?

Manolo: No lo sé. Una hora, un día, tal vez un año.

Voz: ¿No estoy hablando con la casa del señor Pérez?

Manolo: No. Usted está hablando con el cementerio.

Capítulo 7

El humor: de la broma al absurdo y de lo absurdo a lo inesperado

Esa noche trabajábamos con mi compañero Olmedo en un teatro de Rafaela, localidad de la Provincia de Santa Fé. Partimos de Buenos Aires a la mañana muy temprano. Llegamos a eso de la 1 de la tarde a la localidad de Paiva que estaba a unos 300 kilómetros del sitio donde íbamos a trabajar junto con un cantante cordobés conocido por el Muñeco Ordóñez, una cantante y bailarina y un pianista. Era un día gris, lluvioso y muy frío. Cuando llegamos a Paiva vimos con sorpresa tres locomotoras estacionadas a la entrada del pueblo. Más allá había dos locomotoras más y otra, y otra y otra. En total, eran más de diez. Un poco más lejos contamos otras cinco locomotoras estacionadas. Salimos de nuestro asombro cuando nos explicaron que en esa localidad de nombre Paiva era donde reparaban todas las locomotoras que surcaban las vías argentinas.

Los organizadores nos llevaron a pocos metros, a una casa de familia donde nos estaban esperando para almorzar. Era una casa antigua, de habitaciones y patios de grandes dimensiones llenos de macetas con plantas y jaulas con cardenales y canarios. El dueño de casa y su esposa nos recibieron con júbilo, expresándonos repetidas veces su afecto y admiración, agradeciéndonos que hayamos aceptado la invi-

45

tación que nos hacían de compartir con ellos el almuerzo que habían preparado especialmente para nosotros.

Cruzamos el patio y entramos a un salón comedor cómodo y espacioso donde nos estaban esperando la familia del dueño de casa compuesta por tres hijas mujeres con sus esposos e hijos, cuatro hijos varones con sus respectivas esposas y sus hijos, los abuelos, los cuñados y dos familias más. Éramos como cuarenta personas.

Después de saludar uno por uno a todos los presentes nos sentamos a la mesa. El dueño de casa me concedió el honor de ocupar la cabecera. Casi todos los hombres allí presentes trabajaban en los talleres donde se reparaban las locomotoras. Los abuelos, a pesar de tener más de 80 años de edad lucían fuertes y saludables. Habían venido de Italia como muchos de los allí presentes. Todos se veían felices y sonrientes. Era gente sencilla y de trabajo. Mirara por donde mirara se veían rostros amables que no ocultaban la satisfacción de tenernos como sus huéspedes.

Al poco rato aparecieron las mujeres con grandes fuentes de ravioles con estofado. Mientras comíamos, les preguntamos sobre cómo trabajaban reparando las locomotoras mientras ellos nos preguntaban a nosotros acerca de nuestra actividad en cine, teatro y televisión. Cuando entre anécdotas y risas estábamos finalizando con los ravioles, de nuevo aparecieron las mujeres con grandes fuentes pero esta vez con pollo y papas al horno todo sazonado con cebolla y ajíes que nos llenaron los ojos. Estábamos terminando de comer el pollo cuando Olmedo, en tono de broma, le preguntó a la dueña de casa.

> *Olmedo*: ¿Me imagino que ya no habrá más nada que comer, verdad?
> *Dueño de casa*: ¡Cómo! ¿Y el lechón?
> *Olmedo*: ¿Qué lechón?
> *Dueño de casa*: ¡El lechón! El lechón que estamos asando en el patio. Hay lechón asado, chorizos y morcillas.

Nosotros ya no dábamos más con tanta comida preparada con el amor característico de la gente sincera y amable del interior de nuestros países.

Como postre, las mujeres habían preparado pastelitos de dulce de membrillo, buñuelos de bananas con azúcar, torta de chocolate y no sé qué otras cosas deliciosas.

Habíamos comido como leones. Después de este homenaje gastronómico Olmedo se puso de pie, pidió la atención de todos los comensales y dijo muy ceremoniosamente:

Olmedo: Señoras y señores, en agradecimiento por la atención recibida de parte de ustedes, mi compañero Jorge Porcel les dirigirá la palabra. Un aplauso para él.

Yo (en voz baja): ¡Sos loco vos!

Olmedo (también en voz baja): ¡Vamos, hablá! ¡Deciles algo! ¡Algo tenemos que decirles!

Yo: ¿Y qué les digo?

Olmedo: Agradecéles. Decí cualquier cosa. Hacéles una sanata (sanata es el arte de discursear o hablar cosas sin sentido ni coherencia).

Yo (poniéndome de pie): Señoras y señores. Durante muchos años hemos transitado por los caminos de la imaginación, de lo absurdo, de lo inconsistente y de aspiraciones irreproducibles que nos vienen poniendo en nuestros caminos obstáculos insalvables, pasados inconcebibles, presentes inconmensurables y futuros irrestrictos. Las imágenes que al azar pisoteaban los históricos ayeres han perdido la consistencia repartiéndose entre sí perspectivas de gloria llenas de malsanas promesas, cuando el holocausto que es la síntesis de lo determinante se pasea por los laberintos, alimentado por el ingenio y lo mezquino puesto donde anclan las vicisitudes coyunturales desperdiciando los siglos y centurias que promulgaron la dependencia más atroz de lo incongruente. En vuestros rostros veo la ausencia de posibilidades que no han sabido conjugar ni lo estéril ni lo positivo sino todo lo contrario. Los girasoles crecen con la rebeldía propia de lo promiscuo mientras que las aves resucitan en los túneles oscuros y eclécticos del poder. Y yo les pregunto: ¿Para qué? Sí. ¿Para qué este silencio que conforma la actitud desmedida y establece los vericuetos de las estrategias premeditadas por lo insubordinable? ¿Por qué? me pregunto yo. Sencillamente porque hemos perdido la esperanza de recapitular lo predominante que lo capacita para restructurar y mentalizar los mudos testigos de la incontinencia. Y yo les pregunto: ¿Qué nos deparó el pasado? ¿Qué sucederá en el futuro que haga retroceder las tesis ambiguas que desordenaron las impurezas de las coordenadas? Y ustedes, ¿qué hicieron para condicionar el rumbo perdido? Sí. Aunque ustedes no lo crean, la desesperación motivó con saña las anquilosadas secuelas del núcleo vital. ¿Qué vamos a hacer con los deplorables signos de las patéticas y espectrables ironías? Solo nos queda un camino: esperar. Esperar. He dicho».

Mientras todos aplaudían, el abuelo, abrazándome, me dijo:

Abuelo: ¡Gracias! ¡Muchas gracias! Nunca escuché a nadie hablar así. Fue emocionante. De nuevo, muchas gracias.

Olmedo (por lo bajo, dirigiéndose a mí): Por favor, no te vayas a reír que nos matan a todos.

Yo (dirigiéndome a los lectores de este libro): Mi intención nunca fue burlarme de esa gente que nos atendió tan maravillosamente. Pero mi discurso me salió tan absurdo que en vez de hacerlos reír, los hice emocionarse. Olmedo y yo nunca olvidamos todo el amor que nos profesaron ese día en Paiva.

A las 11 de la noche llegamos a Rafaela. Cuando finalizó el espectáculo el empresario nos preguntó: ¿Qué quieren cenar, muchachos?

Voltio

Pepe y Manolo van viajando en un tren, junto a la ventanilla abierta. De pronto, Manolo da un grito.

Pepe: ¿Qué pasa, Manolo? ¿Por qué ese grito?

Manolo: Porque se me metió un carboncillo en el ojo.

Pepe: ¡Serás bruto, Manolo! ¿No te has fijado que este es un tren eléctrico?

Manolo: ¡Oh! Entonces tiene que haber sido un voltio.

Lotería

Manolo entra a la casa gritando alborozado.

Manolo: ¡Mujer! ¡Mujer! ¡Me gané 70 millones en la lotto! ¡Hacé las maletas!

Mujer: ¿A dónde vamos?

Manolo: ¡Yo, a Paris! ¿Tú? ¡No sé!

Tarde

Manolo: Pepe, ¿qué hora es?

Pepe: Las seis de la tarde.

Manolo: ¡Uy, qué tarde es!

Pepe: ¡Me hubieras preguntado la hora antes!

Vacaciones

Manolo: Señora, ¿este es el club de sordomudos?

Señora: Sí, pero está cerrado por vacaciones.

Manolo: ¿Y usted, cómo lo sabe?

Señora: Porque yo soy sordomuda.

Manolo: ¿Y cómo es que oye y habla?

Señora: ¿No le dije que estamos de vacaciones?

Capítulo 8

El humor y las telenovelas

Si usted está dispuesto a ver una telenovela esté muy atento y verá cómo los autores de la historia simplifican todo hasta el punto que usted termina no entendiendo nada. Desde el comienzo verá que en todas las telenovelas las historias se parecen entre sí. Vamos por parte.

La primera actriz es una niña abandonada por la madre quien, al morir, la deja al cuidado de una vecina. El padre de la niña es un hombre de fortuna que abusó de la mujer con falsas promesas. La niña irá creciendo en un hogar humilde, desbordado por la miseria, hasta que una familia de mucho dinero la toma como sirvienta. Acá empieza la diversión. Yo no sé cómo hacen estas sirvientas que viven en la miseria total para estar siempre peinadas de peluquería, y maquilladas como *vedette* de Las Vegas. Eso no es nada. La sirvienta que no sabe ni leer ni escribir en menos de dos años aparecerá como presidenta de una multinacional hablando inglés, noruego y japonés, salvando de la bancarrota a la familia que la había tomado como sirvienta. Esta familia tiene dos hijos: Carlos Manuel, el galán de la telenovela, que se enamora de la sirvienta, y la hermanastra. Esta se morirá de envidia de ver cómo la sirvienta en dos años toma el mando de la empresa, enamorando a Carlos Manuel, y cuando se van a casar, descubre que el padrastro de Carlos Manuel es el padre de Lupita la sirvienta que ahora es millonaria. Ah, me olvidaba. En la telenovela no debe faltar un inválido o una ciega que son acosados por la hermana de Carlos Manuel y otros personajes siniestros que están siempre detrás de las puertas escuchando cuando la madre va a decirle a Lucrecia que el padre de Lupita es el padrastro de Carlos Manuel que a su vez es hijo del chofer que enamoró al padre de Lupita y esta a su vez es prima hermana de la cocinera que es la abuela de la villana, o sea que Lupita, al casarse con Carlos Manuel hará que sean sobrinos de la tía del cuñado de Hortensia, mujer que nunca aparece.

Carlos Manuel se da cuenta que su esposa fue abandonada por Segismundo y cuando va a matarlo, la esposa le grita:

Esposa: ¡No! ¡No! ¡No lo mates que es tu hijo!

Carlos Manuel: Si mi padre no es Segismundo, ¿quién es mi padre?

La madre (llorando): Tu padre es Clodomiro, el jardinero.

Carlos Manuel: ¿Entonces yo vengo a ser nieto de mi hermana?

El padre: ¡No! Tu hermana es hija de tu abuela.

Carlos: Si mi hermana es hija de mi abuela, y mi tío es cuñado de mi nieta, ¿quién es mi padre?

Hortensia: ¡Yo! ¡Yo soy tu padre!

Carlos Manuel: ¿Mi padre es un travesti? Entonces, ¿quién es mi madre?

El jardinero: ¡Yo, hijo mío!

Carlos Manuel (abrazándose del jardinero mientras grita): ¡Mami, mami! Pero entonces, ¿quién es mi hermana?

El chofer: Yo, querido.

Carlos Manuel: ¿Entonces mi abuelo no es mi abuelo?

Todos: ¡No!

Carlos Manuel: ¿Entonces se puede saber quién es mi abuelo?

El perro: ¡Yo, guau, guau!

FIN

Capítulo 9

Humores que matan

El triste fin del viejito Lonsitú

Dentro de las distintas clases de humor está el humor que mata. Aunque usted no lo crea, hay personas a las que se les va la mano en esto de hacer bromas. A veces, una gracia puede transformarse en tragedia.

El club al que yo iba tenía un salón especial donde los hombres mayores de edad se reunían para jugar a los naipes: truco, escoba, el tute, la brisca. Siempre había tres o cuatro mesas ocupadas y alrededor de estas se reunían los mirones. Sentados o de pie, seguían el juego en silencio, sin emitir palabra. Eran los eternos observadores.

Uno de ellos era un viejito de unos 80 años de apellido Lonsitú. Llegaba todos los días a las 6 de la tarde aproximadamente, tomaba una silla, se sentaba junto a los jugadores y así pasaba el tiempo hasta más o menos las 10, hora en que se retiraba para regresar a casa. Sentado, observaba sin decir una palabra. Muchas veces, al rato de estar allí, el viejito Lonsitú se dormía por una hora o dos. Se despertaba cuando la algarabía provocada por un jugador que ganaba era superior a lo normal.

Una noche en que el viejito Lonsitú dormía profundamente sentado en su silla, decidieron hacerle una broma. Apagaron las luces del cuarto y en medio de una completa oscuridad aparentaron seguir jugando, hablando y riendo como si la luz estuviera encendida. De pronto, el viejito Lonsitú despertó, preguntando: «¿Quién apagó la luz?» Le contestaron: «¿Cómo que quién apagó la luz? La luz está encendida». El viejito Lonsitú, entonces, gritó: «¡NO! ¡No...! ¡Me he quedado ciego!»

En medio de las risas y bromas, encendieron la luz. El viejito Lonsitú seguía sentado en su silla, pero sin vida. Había muerto de un fulminante ataque al corazón por culpa de una broma inocente que resultó trágica.

Tacaños

Se dice que los seres más tacaños son los escoceses, pero hay quienes afirman que lo son los catalanes. Quizás sea por esos dos catalanes que caminaban juntos por la calle y al ver una moneda en el suelo se agacharon y la agarraron los dos al mismo tiempo. Ninguno quiso soltarla sino que más bien empezaron a tirar uno para un lado y el otro para el otro. ¿Resultado? Inventaron el alambre.

Empujón

Manolo: Hola, Pepe ¿cómo estás?

Pepe: Bien, ¿y tú?

Manolo: Y… bien. El que se murió fue mi abuelo. Murió de catarata.

Pepe: ¿Lo operaron?

Manolo: No. Lo empujaron

Ganancia

En uno de nuestros pueblos latinoamericanos, tres socios, uno de los cuales era judío, compraron un autobús y decidieron escribirle una frase sobre el espejo retrovisor del chofer. La frase tenía que ser una advertencia para que los pasajeros no molestaran al conductor en su trabajo.

Socio 1: Yo propongo que la frase diga: «Señores pasajeros: Para su seguridad se les ruega no hablar al chofer mientras conduce».

Socio 2: Está bien solo que la encuentro un poco larga. Con que diga: «No molestar al chofer» creo que es suficiente.

Socio judío: Sugiero que le pongamos: «Señor pasajero, *¿qué gana usted* con molestar al chofer?

Capítulo 10

Extraño partido de fútbol

En la ciudad de Avellaneda, donde pasé mi infancia y los mejores años de mi vida, había un muchacho conocido por sus bromas originales y porque era inteligentemente despiadado con sus víctimas. Su nombre era Coco Fornoni. Estaba al frente de un negocio de venta de cigarrillos, billetes de lotería y reparación de encendedores. Se comunicaba con el reparador que estaba en el entrepiso flanqueado por un grueso vidrio a través del cual podía ver todo lo que ocurría en el negocio. Mediante un intercomunicador que consistía en un micrófono y un parlante en la mesa de trabajo de cada uno de ellos, Coco averiguaba si el encendedor de un cliente estaba ya reparado. Preguntaba por su micrófono y el reparador le contestaba por el suyo. Este diálogo se producía permanentemente.

Todas las tardes, se juntaba en el negocio de Coco un grupo de amigos para hablar de fútbol y arreglar el mundo. Entre ellos había dos gallegos muy conocidos por su condición de hinchas fanáticos del Racing Club, prestigiosa institución de fútbol profesional. Uno de ellos era don León, el peluquero del barrio y el otro era don Germán, conductor de taxi. Ambos entraban hablando de fútbol, seguían hablando de fútbol y se iban hablando de fútbol. Un día, Coco me sugirió hacerles una broma. Yo me instalaría en el entrepiso y desde el micrófono del reparador de encendedores trasmitiría un partido de fútbol entre Racing Club y el Real de Madrid. Al yo aceptar, Coco comenzó a vaciar una vieja radio que tenía, colocando dentro de ella el

57

parlante con el que recibía los mensajes del reparador. Don León y don Germán estaban en la plaza de enfrente hablando de fútbol, como siempre. Coco me hizo subir al entrepiso y luego los llamó diciéndoles que estaba por empezar la trasmisión de un partido de fútbol entre el Racing y el Real de Madrid. Ambos se sorprendieron con la noticia.

Don León: ¡No puede ser!

Coco: ¿Qué no puede ser?

Don León: El partido. Habría aparecido en los diarios.

Don Germán: Es cierto. Me leí el diario de punta a punta y no se anunciaba ningún partido entre Racing y el Real Madrid.

Coco: Lo que pasa es que lo decidieron a último momento; además, es un partido a beneficio.

Don León: ¿A beneficio de quién?

Coco: A beneficio de la Liga contra el pie plano.

Don Germán: ¿Liga contra qué?

Coco: Contra el pie plano.

Don Germán: Yo sabía que existían ligas contra la tuberculosis, contra la diabetes, contra el cáncer, pero nunca había oído hablar de la liga contra el pie plano.

Coco: Aunque le parezca mentira, hay una epidemia de pie plano. Y eso no es nada. Hace unos meses, se creó la Liga contra el mal aliento.

Don León: ¿Pero vos me estás hablando en serio?

Coco: ¡Qué pregunta la suya, don León! ¡Pues en serio le estoy hablando! Usted sabe cómo lo respeto. ¿Quiere que encienda el radio? Porque creo que el partido ya debe estar a punto de empezar.

Yo, entretanto, a través del vidrio, miraba atentamente para comenzar la narración del partido apenas Coco hiciera el ademán de encender el radio. Efectivamente, a los pocos segundos, Coco encendió el radio. En ese mismo momento comencé a narrar el partido:

> *Yo*: Señoras y señores, está por comenzar el partido. El estadio Santiago Bernabeu está lleno de público. Esta tarde van a ver uno de los duelos futbolísticos más esperados por los aficionados españoles entre los equipos Racing Club de Avellaneda, República Argentina, y el dueño de casa, el Real de Madrid. El referí hace sonar su silbato y comienza el partido. Mueve la pelota el Real de Madrid. González se la pasa a Pérez y Pérez se la pasa a Fernández. Fernández la toca para López. Lopez la toca para García. Este se la devuelve a Fernández. Fernández tira un centro y el mismo Fernández sale corriendo, cabecea y gol. Gooooooool de Fernández.
>
> *Don León*: ¿Quién hizo el gol?
>
> *Don Germán*: Parece que lo hizo el mismo que tiró el centro.
>
> *Don León*: ¡Qué raro!
>
> *Yo*: ¡Qué raro ni raro! El mismo que tiró el centro, con una velocidad inusitada corrió por la izquierda, cabeceó la pelota convirtiendo el gol. Gol del Barcelona. Barcelona 1, Racing 0.
>
> *Don León*: ¡Cómo Barcelona! ¿No era el Real Madrid?
>
> *Yo*: González tira de izquierda y gol. Goooooooool del equipo gallego.
>
> *Don León*: ¿Qué dijo?
>
> *Yo*: Goooooool, gooooooool, gooooooool.
>
> *Don Germán*: ¡Al equipo de Racing no lo nombran para nada!
>
> *Yo* (que escuchaba todo lo que decían en el negocio): El equipo de Racing todavía no ha tocado la pelota. Es

como si no estuviera en la cancha. Se va a reanudar el partido. Mueve la pelota Fernández. Un defensa de Racing le sale al encuentro. Fernández le pasa la pelota por entre medio de las piernas. Fernández sigue con la pelota en su poder. Ahora se la pasa a su primo Fernández. Este la toca para su hermano Fernández.

(A todo esto, las miradas de don León y don Germán eran de total desconfianza.)

Yo: ¡¡Penal!! ¡Sí, señoras y señores. Penal a favor del Real de Madrid! Amables oyentes, lo que está pasando en este momento es inaudito. En este preciso momento, el director técnico de Racing ingresa al campo de juego y le da al referí una patada en pleno paladar, lanzándolo al suelo. Este se incorpora y sacando una pistola de entre sus ropas, le pega un tiro al entrenador de Racing... ¡¡LO MATÓ!! Sí, señoras y señores, lo acaba de matar. ¿Qué? El entrenador de Racing se levanta. O sea que no lo mató. Le arrebata la pistola al referí y se dispara un tiro en la cabeza, cayendo mortalmente herido. ¡Se ha suicidado, amables oyentes!
Don León: ¡Qué estupideces está diciendo ese tipo! ¡Cómo se va a suicidar!
Don Germán: ¡Esto es una chacota!
Yo: ¡Qué chacota ni chacota! ¿O soy tarado? Se acabó el partido.

Coco, apagando la radio, recibió durante un minuto insultos y toda clase de epítetos irreproducibles de parte de don Germán y de don León mientras salían del negocio echando chispas. Coco y yo estuvimos riéndonos por varios minutos, sin parar.

Capítulo 11

Páguese a mí papá

El padre de Coco Fornoni era todo lo opuesto de su hijo. Coco estaba siempre sonriente, haciendo derroche de ingenio, optimismo y simpatía. En cambio su padre era de un carácter austero, serio y circunspecto, de risa nada fácil. Este buen señor fue un día a visitarlo a su hijo Coco para que le diera un cheque a su nombre para pagar una cuenta.

Coco: ¿A nombre de quién hago el cheque, papá?
Padre: A nombre mío.
Coco: ¿O sea que el cheque es para vos?
Padre: Sí, Coco, es para mí.
Coco: Ah, yo creía que era para vos.
Padre (comenzando a fastidiarse): Sí, es para mí.
Coco: ¿Estás seguro?
Padre: Sí. ¿Cuántas veces te lo tengo que repetir?

Sacando la chequera de un cajón, Coco empieza a llenar un cheque por la suma indicada. Lo firma y se lo da a su padre. Este lo toma, lo dobla sin mirarlo y se lo guarda. Luego se encamina al banco, que queda a unas cuadras de allí. Se acerca a una de las cajas, y entrega el cheque al cajero. Este lo toma, lo mira, lo da vuelta, lo mira por el reverso, lo vuelve, lo mira al padre, mira al cheque otra vez.

Padre (impacientándose): ¿Qué pasa, cajero? ¿No tiene fondos?

Cajero: Sí, tiene.

Padre: ¿Y...?

Cajero: Mire, señor. Como tener, tiene fondos. La firma es auténtica, pero yo no se lo puedo pagar.

Padre: Pero ese cheque está firmado por mi hijo para mí.

Cajero: Sí, ya sé, pero igual no se lo puedo pagar.

Padre: Escúcheme. Si el cheque tiene fondos, si la firma es auténtica y está emitido para mí, ¿por qué no me lo va a poder pagar?

Cajero: Porque este cheque dice: Páguese a mi papá.

Capítulo 12

El humor y los políticos

Copia de un discurso pronunciado por un político latinoamericano a su pueblo que espera el anuncio de un aumento salarial

Ciudadanos: Ha comenzado la batalla para logar los objetivos que la historia le ha negado a nuestro país, historia que ha sido escrita sin mirar ni al pasado ni al presente, ni siquiera las raíces que son la columna vertebral de nuestros ancestros que claman pletóricos de orgullo nacional desde donde se han escrito las páginas imborrables de una herencia gloriosa. Yo me pregunto: «¿¿¡¡Por qué!!?? ¿¿¡¡Por qué!!??» El tiempo, tímido cómplice de una estirpe perdida, sangra como una rosa temprana que muere en el crepúsculo incierto de la soledad. De esa soledad ambigua y retórica que ha hecho trastabillar a los más queridos recuerdos. Aunque les parezca mentira, siento el orgullo destrozado de mi pueblo que en vano espera sujeto a sus convicciones mientras que los intereses espúreos destruyen las anquilosadas y remanidas decisiones. Desde el llano soslayo las conspicuas y taciturnas carencias que homogeneas rivalizan entre sí. ¿Para qué? me pregunto yo. Para que la ciudadanía inunde las arcas vacías de amor y comprensión transitando por los andariveles peligrosos del statu quo. Muchos de ustedes son *self-made men*. Sí. Lo sé. Desde aquí puedo leer en sus miradas que reclaman un mañana exento de prevaricatos, susceptibles antinomias inicuas y pérfidas y ¿por qué no? también telúricas que rezan en el espíritu de Shakespeare cuando dijo: «*My people, my dear people, a millennium is watching over you but forgive them*». ¡He dicho!

El pueblo: ¿Qué ha dicho?
Yo: ¡Nada!¡Absolutamente nada! ¡Pura sanata!

La impotencia de Pitágoras

La mayoría de los cómicos del mundo tendrían que darles las gracias a algunos políticos y funcionarios: alcaldes, gobernadores, diputados, senadores, ministros, vicepresidentes y presidentes. Porque nadie como los políticos y los funcionarios les han dado tanto tema para que los cómicos hagan su agosto. Políticos y funcionarios han sido sin querer los puntales y más fieles generadores de historias que han hecho reír al mundo entero. El enriquecimiento ilícito, los presupuestos extras, las partidas de dinero privadas, las licitaciones públicas, los gastos de representación, las tarjetas de crédito corporativas, las obras múltiples, el contrabando de armamento, la renovación de material bélico, los gastos innecesarios, los presupuestos nacionales, los aumentos de aranceles, los amores clandestinos, los indultos concedidos y las comisiones extra presupuestarias han sido y serán la usina de hechos públicos y notorios que han provocado las risas del pueblo y, ¿por qué no? llantos de rabia e impotencia debido a estos oscuros manejos. Si sumamos todo lo que en los últimos diez años se han fagocitado algunos concejales, comisionados, representantes estatales, administradores de la ciudad, alguno que otro juez que sin querer se ha quedado con un vuelto, la cifra alcanzaría a sumas cuyo monto ascendería… ascendería… Permiso, por favor…

Ciudadano: ¿Holá? ¿Con el señor Pitágoras?
Pitágoras: Sí, habla Pitágoras, ¿qué desea?
Ciudadano: ¡Señor Pitágoras, tengo un problema!
Pitágoras: ¿Es de regla de tres simple o compuesta? ¿O tal vez algún quebrado? ¡Ya sé… Un teorema!… ¡No me

diga nada! ¡No me diga nada! Ecuación a+b sumada al subproducto da como resultado un decimal que sumado a la ecuación...

Ciudadano: ¡No! ¡No! ¡No!... Escúcheme, Pitágoras. Nada de ecuaciones. Lo que yo quiero sabes es la suma que en estos últimos diez años se han robado algunos funcionarios, especialmente de los países subdesarrollados.

Pitágoras: ¿Por qué no llama al 1-800-corrupto? O si no, ¿por qué no trata de ubicar a David Coperfield? Él es mago y le puede ayudar más que yo.

Yo: Ciudadano, no llame a nadie, porque si se llega a enterar de la cifra real que se han llevado los corruptos a sus arcas, posiblemente emitirá los más diversos epítetos de grueso calibre y lo pueden procesar por escándalo en la vía pública.

Ciudadano: ¿Así que me tengo que aguantar, eh? ¡Por lo menos déjeme que proteste! ¡El mundo está loco, loco! Y si no me cree, fíjese en el caso Mónica Lewinsky.

Yo: ¿Qué Mónica Lewinsky?

Ciudadano: ¿No me diga que no la conoce?

Yo: ¿Por qué? ¿Qué hizo?

Ciudadano: ¿Qué hizo? ¡Qué no hizo! Déjeme que le cuente. Resulta que esta señorita trabajaba en la Casa Blanca y un día... bssss... bssss... bssss Y después... bssss... bssss.

Yo: ¡Pobre chica! Me imagino que la habrán condenado.

Ciudadano: ¿Condenado? Le hicieron toda clase de homenajes, entrevistas y reportajes. Cobraba no sé cuántos miles de dólares por cada entrrevista. Bajó de peso. Creo que sacó hasta una línea de ropa con su marca. Le pagaron no sé cuánto por escribir un libro. La contrataron para hacer dos películas...

Yo: ¿Y al presidente lo condenaron?
Ciudadano: ¡No! ¡Pero después de eso cobra cincuenta mil dólares por conferencia!

Mal de la vista

Oculista: A ver, señora, dígame qué letra es esta.
Paciente: ¿Qué letra?
Oculista: La que está en el cartel.
Paciente: ¿Qué cartel?
Oculista: El que está en la pared.
Paciente: ¿Qué pared?

Error

Un ciudadano alemán llega a Nueva York en un vuelo de las 2 de la mañana. Es época de Navidad. No encuentra sitio en ningún hotel. En uno de los hoteles al que llega después de recorrer media ciudad, y donde tampoco hay habitación disponible, se produce el siguiente diálogo con el gerente:

Gerente: No se vaya. Me parece que tengo la solución para usted.
Pasajero: Ojalá, señor. Viera lo cansado que estoy.
Gerente: Tengo una habitación con dos camas pero en una de las camas está durmiendo otro pasajero, un señor de la raza negra. Si quiere puede usar la cama disponible, solo que tendría que compartir la habitación.
Pasajero: No hay problema. La comparto.

El gerente llena los papeles con sus datos.

Gerente: Señor, aquí tiene la llave de la habitación. Es la 259. Por favor, haga el menor ruido posible para no despertar a la otra persona.

Pasajero: Gracias y pierda cuidado que no molestaré a nadie. Ah, ¿podría despertarme a las 7 de la mañana?
Gerente: Descuide usted. Lo despertaremos a las 7 de la mañana. Que tenga buenas noches.

El pasajero llega a la habitación 259, abre la puerta con sumo cuidado, se cambia y se acuesta, quedándose dormido de inmediato. A las 5 de la mañana el pasajero de la raza negra se despierta porque tiene que tomar el avión de las 7:00 a Washington. Ve que en la otra cama está durmiendo un hombre. Llama a la gerencia donde le explican la situación. Cuelga. Se baña y se afeita. Cuando termina de vestirse, decide hacerle una broma al inesperado compañero de cuarto. Le saca el corcho a una botella de vino, quema el corcho y con todo cuidado le pinta la cara. Se va. A las 7 de la mañana lo despiertan al alemán quien, a oscuras y todavía semi dormido, se dirige al baño. Enciende la luz, se mira al espejo y dice:

Alemán: ¡Caramba! En vez de despertarme a mí despertaron al negro.

Usted no, Pérez

Escena en un cuartel militar.
Capitán: Sargento. Tenemos un problema. Acaba de fallecer la madre del soldado Pérez. Tenga cuidado cómo se lo dice. Recuerde que el soldado Pérez es muy sentimental y quería mucho a su madre.

Sargento: Quédese tranquilo, mi capitán. Yo sé cómo se lo voy a decir.
El sargento se dirige a la cuadra donde están los soldados y grita:

Sargento: Todo el mundo a formar. Firmes. Todos los que tengan madre que den un paso al frente... usted no, Pérez.

12 en lugar de 10

Amigo 1: En mi casa somos ocho hermanos, más mi papá, mi mamá y mi abuelita, en total somos 11. Y todos dormimos en la misma cama, pero mi hermano mayor se casó ayer.

Amigo 2: ¡Menos mal! ¡Ahora son 10!

Amigo 1: ¡No! ¡Somos 12!

Capítulo 13

Humor en cifras

Escena en la casa de un matrimonio de profesores de Matemáticas:

Esposa: ¿Estas son horas de llegar, pedazo de 1420?

Esposo: ¡A mí no me digas 1420 porque si no, te 428!

Esposa: ¿Ah sí? ¡Hacé la prueba y llamo al 911!

Esposo: ¡No! No lo hagas porque si no, me agarro un 775 y te voy a 412.

Esposa: ¡Ahá! ¿Te 540, eh?

Esposo: ¿540 yo? Para que sepas, siempre fui un 1730.

Esposa: Mirá. Dejate de 527 y vamos a 830.

Esposo: ¡Está bien! Pero que sea la última vez que vos me 321.

Esposa: Te pido 5.

Esposo. No más. Yo te pido 29.

Esposa: Vamos, que mamá nos está esperando para 1415.

Esposo: ¿Qué hizo de 1415?

Esposa: Hizo 25, 700 y 1420 rellenos con 84

Esposo: ¿Y de postre?

Esposa (abrazándolo): De postre, 76

Esposo: ¿De quién es este 301?

Esposa: ¡Tuyo!

Esposo: ¿Y ese 574?

Esposa: ¡También tuyo!

Esposo: Entonces, vamos, que se nos hace 545. Ah, y no te olvides antes de cerrar la 330 apagar la 522.

Acostado

Escena en un velatorio. Una viuda llora desconsoladamente junto al féretro donde yace quien en vida fuera su marido. Parientes y amigos se acercan y abrazan a la viuda. Hasta que se acerca un señor, evidentemente borracho. Se para ante la viuda, la abraza y le dice en el oído:

Borracho: ¡Lo siento!
Viuda: ¡No! Déjelo acostado no más, que así está bien.

Alka Seltzer

Un borracho entra a la iglesia justo en el momento en que los fieleshacen fila para recibir la hostia. El borracho se para al final de la cola. El sacerdote, al verlo borracho, lo saltea.

Borracho: ¿Por qué no me dan a mí el alka seltzer que soy el que más lo necesito?

Paracaidista

Campo aéreo. Escuela de paracaidistas. Un grupo de soldados se aprestan a hacer su bautismo de fuego. Entre todos, Manolo escucha atentamente las instrucciones.

Instructor: Al lanzarse al vacío deberán contar hasta 20 y abrir brazos y piernas. De esta manera, el aire ayudará a frenar el cuerpo en su caída y podrán observar mejor el descenso. A los 1000 metros tiran de la primera manija. El paracaídas deberá abrirse. Si no se llegara a abrir, cosa muy rara que sucede una entre un millón, tiran de la segunda manija. Se abrirá el paracaídas de emergencia. Abajo los va a estar esperando un camión que los traerá al punto de partida.

Todos se suben al avión. El avión despega. Los futuros paracaidistas se van lanzando uno por uno. A Manolo le toca el último. Se tira. Cuenta hasta 20, abre brazos y piernas y ve cómo va bajando velozmente. A los 1000 metros, tira de la primera manija. El paracaídas no se abre. Tira entonces de la segunda manija. El paracaída de emergenciass tampoco se abre.

> *Manolo*, entonces, se dice: «¡Ahora lo único que faltaba es que el camión no esté esperándome allá abajo!»

Mal ojo bancario

Manolo: ¡Pepe! ¿Qué hacés aquí en la cárcel?

Pepe: Me agarraron cuando estaba robando una billetera. ¿Y vos?

Manolo: ¡No me hablés! Entré a un banco, le entregué un papel al cajero donde decía que si no me entregaba todo el dinero esa misma noche mataría a su esposa y a sus hijos, y el tipo resultó soltero.

Capítulo 14

Las suegras y el humor

Las acusan de mandamás, desubicadas, confianzudas, peleadoras, sobreprotectoras, metiches y no sé de cuántas cosas más. Claro que los acusadores son sus víctimas, los yernos. Lo que hace temblar a un yerno es cuando su esposa le dice, mamá viene a quedarse tres días, y se queda tres meses. Mamá dice que esto se hace así, mamá viene a ayudarme, mamá viene a cuidar el nene, mamá me dijo que tienes que ayudarme más, mamá me dijo que me va a ayudar a redecorar la casa, mamá me dijo que estás muy gordo, mamá esto, mamá lo otro.

Se dice que ha habido casos en que un recién casado fue de luna de miel con su esposa ¿y a que no saben quién los acompañó? Acertaron. La madre de la novia, o sea, la suegra del novio.

Yo, personalmente, tuve una suegra que fue mi segunda madre. Amable, cariñosa, obsequiosa y muchas otras cosas buenas.

Ha habido casos en que suegras han roto la paz y armonía que reinaba en muchos hogares, porque con eso de «Perdonen que me meta», o «Yo lo hubiera hecho así», o «Hija, yo no te quiero llenar la cabeza, pero…» se han ganado la bronca de sus yernos. Pero sé también de hombres que han confesado haber tenido suegras que han sido un tesoro para ellos. Suegras que han cuidado a sus nietos en momentos difíciles, que han estado presentes en las buenas y en las malas, que han sido solución en conflictos hogareños. Que con su opinión apaciguaron los ánimos evitando males mayores. Sin embargo, algunos humoristas han hecho de las suegras uno de sus blancos preferidos, casi siempre exagerando la conducta de estas abnegadas mujeres a veces con muy buen humor e ingenio y otras veces con saña. Por ejemplo:

Manolo: Pepe, ¿cómo te llevas con tu suegra?
Pepe: ¡Muy bien! Entre mi suegra y yo no hay un sí ni un no.
Manolo: ¿Tan bien se llevan?
Pepe: No, lo que pasa es que sencillamente no nos hablamos.

Tania, la vieja

Tania, la cantante que fue durante tantos años esposa del afamado autor de tangos Enrique Santos Discépolo fue famosa por los chistes que le hicieron con respecto a su vejez. Un día le pregunté a Siriaco Ortiz:

Yo: ¡Ché! Tania, ¿cuántos años tiene?
Siriaco: ¡Todos!

Un día me encuentro con Siriaco en la calle y me dice:

Siriaco: ¿Sabes la última? Tania formó un trío.
Yo (sorprendido): ¿Formó un trío?
Siriaco: Sí. Ella canta y dos la sostienen.

Cómo sería de vieja Tania que un día que conducía su automóvil la detuvo la policía, le pidió su documento de identidad y ella les mostró una piedra grabada.
Un día me encuentro con Siriaco y me dice:

Siriaco: ¿Sabés que Tania murió hace diez años?
Yo: ¡Cómo que murió hace diez años si ayer la vi por televisión!
Siriaco: Sí, ya sé. Lo que pasa es que no se lo quieren decir para no asustarla.

(Nota: Efectivamente, Tania murió en el año 2000, a los 94 años de edad.)

Empanadas frescas

Siriaco, el eximio bandoneonista cordobés cuando era chico trabajaba en el bar de su padre donde vendían sandwiches, empanadas y bebidas alcohólicas. Un día entró en cliente y le pidió al papá de Siriaco una empanada preguntándole si estaba fresca. «Sí», le dijo el papá de Siriaco, «Cómala tranquilo». El hombre se la fue comiendo por la calle. El papá le dijo a Siriaco: «¡Seguilo a ver donde cae!»

Ancianos ejemplares

En un canal de televisión durante un programa de carácter periodístico presentaban todas las semanas notas de rara originalidad. Esa noche, el animador comenzó a presentar a varios ancianos:

Animador: Señoras y señores, muy buenas noches. Hoy vamos a presentar a varios ancianos que nos explicarán cómo han hecho para alcanzar a la edad que han llegado. El primer participante es el señor José H. Díaz. Un aplauso para nuestro invitado de hoy. Señor Díaz: Queremos saber el secreto de cómo usted ha llegado a esta etapa de su vida.

José H. Díaz: Sencillo, señor animador. Para contestar su pregunta, quiero decirle que, primero, nunca he fumado; segundo, nunca bebí alcohol; tercero, siempre me alimenté sanamente; cuarto, toda mi vida me he acostado a las 9 de la noche y me he levantado a las 5 de la mañana; sexto, nunca falté al trabajo ni un solo día.

Animador: Un aplauso para el señor José H. Díaz. ¿Qué edad tiene usted, don José?

José H. Díaz: Tengo 93 años, señor.

Animador: Grandes aplausos para el señor Díaz. Es un ejemplo digno de imitar. Ahora vamos a presentar al participante número 2. Se trata del señor Antonio López. (Entra un viejito ayudado por su nieta.)

Animador: ¿Cómo se siente, don Antonio?
Don Antonio: Por ahora, bien... Un poco de reuma pero de lo demás ando bastante bien.
Animador: Don Antonio, queremos saber algunos de sus secretos para llegar a la edad a que usted ha llegado.
Don Antonio: Beber agua, mucha agua. Cinco o seis litros de agua diarios. Comer pescado, mucho pescado. Nada de carne roja. Trabajar mucho, de sol a sol, y decir siempre la verdad.
Animador: ¡Magnífico, señor López! El público está ansioso por saber su edad. ¿Cuántos años tiene usted, mi querido amigo?
Don Antonio: Ciento dieciséis años, señor.
Animador: El público se pone de pie para aplaudirlo, Don Antonio... Y ahora vamos a presentar al último participante, al señor Miguel A. García. ¡Que pase el Señor García!

(Tres enfermeras traen a un anciano totalmente pálido y casi cadavérico en un sillón de ruedas. Viene conectado a un tubo de oxígeno y lo acompaña su médico de cabecera quien sostiene con una mano un alimentador de suero intravenoso y con la otra uno de sangre.)

Animador: Don Miguel. Queremos saber qué estilo de vida ha llevado usted durante todos estos años.
Don Miguel: He pasado casi toda mi vida borracho bebiendo cerveza, vino, ginebra, ron whiskey, tequila, coñac y vodka. Desde los 6 años no he parado de fumar un solo

día. Nunca hice gimnasia. Toda mi vida he desayunado con lechón y chile relleno. Me la he pasado de baile en baile y de pachanga en pachanga. He dormido un promedio de tres horas por día. He tenido 1600 novias y me he casado 44 veces.

Animador (gritando): ¡ASOMBROSO! ¿Y cuántos años tiene?

Don Miguel: Treinta y un años.

Capítulo 15

El ingenio popular

¡Carrizo, teléfono!

El ingenio popular sobrepasa todos los límites de lo imaginable. Esa intuición innata, esa inteligencia natural y el sentido del humor se escuchan permanentemente en los mercados, en las ferias, en la calle, en las oficinas y en todo lugar donde haya dos o más personas reunidas, pero preferentemente se manifiesta en los lugares de gran concentración de gente. Cuanto más personas haya, mayor cantidad de ingenio popular estará al servicio del humor. Los lugares favoritos donde se escuchan ocurrencias realmente divertidas son los estadios de fútbol, de boxeo y los teatros populares.

Repasemos un poco la historia y extraigamos de ella una ocurrencia de antología.

El Club Atlético River Plate, institución futbolística de gran prestigio en toda América como uno de los clubes que ha tenido jugadores de gran calidad, había llegado a la ciudad de Córdoba para jugar con el Club Talleres. El cordobés se ha caracterizado siempre por tener un sentido del humor muy especial; por ejemplo, a un muchacho que tenía la cara llena de furúnculos le decían cara de bolsillo lleno de piedras; a uno que pestañeaba muy rápido le decían cartel luminoso; a uno que nació con el cuello torcido le decían el busca nidos; a un señor que usaba un sobretodo negro hasta la rodilla le decían medio cura; a un cojo que caminaba pisando de un lado a otro le decían el engaña baldosas. Un tipo era tan gordo que cuando era chico jugaba a

los trencitos con trenes de verdad. Una mujer tenía tantos hijos que ya no los paría, sino que se le caían solos por la calle sin ella darse cuenta.

Volvamos al fútbol. Esa noche que River jugaba con Talleres, durante todo el partido, Talleres lo dominó a River y lo mantuvo en un arco, pero Amadeo Carrizo, el legendario arquero argentino, esa noche defendiendo la portería de River, estuvo imbatible. Patearan de donde le patearan, él sacaba pelotas inatajables. Durante todo el partido, Talleres lo fusiló a pelotazos y Carrizo sacaba pelotas con las manos, con los codos, con la nariz, con los dientes, con todo. ¡No le pudieron hacer un solo gol! En un momento de silencio, un hincha de talleres que estaba detrás del arco de Carrizo le gritó: «¡CARRIZO! ¡TELÉFONO!»

Capítulo 16

La vida del cómico no es nada fácil

Guayaquil: A estadio lleno

Después de 42 años de trabajar como humorista en cine, radio, teatro, televisión, shows en clubes, discotecas, cabarets, circos, casamientos, cumpleaños, bautizos y otros eventos raros nunca pensé que llenaría con 50 mil espectadores el Estadio Barcelona de Guayaquil en su inauguración. Tampoco pensé nunca que en mi debut en una boite de la ciudad de Mar del Plata al salir a actuar me habría de encontrar con un solo espectador. (Mi compañía, con la que salía de gira por el interior del país estaba integrada por 22 personas entre comediantes, músicos y bailarines.) Para peor de males, aquella noche ni siquiera pudimos suspender la función. El único espectador que ocupaba un asiento en la primera fila era nada menos que el jefe de policía quien había pagado la entrada con su propio dinero.

Tres dólares

La paga por la actuación de mi compañía de revistas consistía en cobrar un porcentaje por cada copa que se vendiera. El arreglo fue de 3 dólares por copa, así que si se vendían, digamos, 400 copas, yo cobraba 1.200 dólares, si se vendían 800, yo cobraba 2.400 y así sucesivamente.

Nosotros habíamos entrado por la puerta de los artistas que conducía por un pasillo directamente a los camarines. Cuando faltaban unos diez minutos para que comenzara nuestra actuación vino el propietario de la boite a mi camarín para liquidarme el porcentaje que correspondía a la cantidad de copas vendidas. Me pasó un recibo junto con el equivalente a 3 dólares. Creyendo que era una broma de mal gusto, le dije:

Yo: ¿Qué me está dando?

Dueño: Le estoy pagando lo que está pactado en el contrato, es decir, 3 dólares por copa vendida.

Yo (un poco fastidiado): ¡Mire, señor! ¡Yo a usted no le di tanta confianza como para que trate de tomarme el pelo de esta manera!

Dueño (más fastidiado que yo): Mire, Porcel. Yo no tengo humor ni tiempo para perder. Si le vengo a pagar 3 dólares es porque se vendió una sola copa, lo que significa que su nombre no atrajo a nadie. La vergüenza y el fracaso los tenemos que compartir usted y yo, cosa que no me gusta para nada. Esta boite nunca pasó semejante papelón como el de esta noche, así es que firme el recibo y tome sus 3 dólares que empezamos en 5 minutos.

Yo (convencido que el hombre no estaba bromeando, le hice una proposición): Escúcheme, señor. ¡Por qué no hacemos una cosa inteligente! Suspenda la función diciendo que me enfermé a último momento o algo semejante y nos ahorramos la vergüenza y yo el disgusto de tener que pagarle igualmente a toda la compañía como si hubieran trabajado.

Dueño (con una sonrisa socarrona): Eso que me está proponiendo yo lo pensé antes que usted, pero si no trabaja, siento decirle que iremos los dos presos, porque resulta que el único espectador que hoy pagó su copa quiere ver el espectáculo.

Yo: ¡No importa, la copa la pago yo!

Dueño: ¡No va a poder ser, porque ocurre que el único espectador que tenemos es nada menos que el jefe de policía y, como le digo, vino porque quiere ver el espectáculo.

Fue aquella una de las noches de mayor desilusión en mi vida. El aspecto del jefe de policía no era nada de amistoso. En toda la noche no se rió ni menos aplaudió.

Nosotros, para mantenernos tranquilos, hicimos cuenta que estábamos haciendo un ensayo general sin público.

Los chinos

Una vez que estábamos en gira por Guayaquil nos contrataron a último momento a mi compañero Alberto Olmedo y a mí para hacer una presentación en un restorán chino con capacidad para 500 comensales. El restorán se llamaba «El dragón de oro» y el dueño, un multimillonario ecuatoriano hijo de padres chinos, respondía al nombre de Félix Chang Kuong.

Olmedo y yo nos preguntábamos cómo se las iría a arreglar el chino para llenar el restorán sin propaganda previa ya que nos había contratado un viernes para trabajar al otro día. El resultado de esta aventura fue que cuando salimos al escenario para iniciar nuestra actuación, no había nadie. Solo una mesa estaba ocupada... por don Félix, su esposa y sus dos hijos.

No se imaginan lo triste y desolador que es para un cómico después que trata de hacer reír no escuchar ni una risa, ni un aplauso del público. En este caso, como el buen chino nos había pagado muy bien y ya teníamos el dinero en el bolsillo tratamos de hacerlo lo mejor posible aunque no tuviéramos respuesta alguna.

En estos 42 años de lucha por hacer reír al mundo me ha pasado de todo. Pero siempre queda en pie una verdad irrefutable: la carcajada espontánea, la risa a mandíbula batiente y el aplauso sostenido es lo mejor que le puede pasar a un comediante.

Buenas noches

Otra vez en que trabajábamos en un teatro de la calle Corrientes en la ciudad de Buenos Aires, me correspondía a mí abrir el espectáculo con un monólogo. Cuando salí al escenario, la sala estaba completamente a oscuras. Solo un reflector me alumbraba. No hubo ni un aplauso. Después de unos segundos, me dirigí al público, diciendo:

> Yo: ¡Señoras y señores, tengan ustedes muy buenas noches!

Nada. Solo oscuridad y silencio. Al no escuchar los aplausos, empecé a preocuparme. Dije de nuevo:

> Yo: ¡Señoras y señores, tengan ustedes muy buenas noches!

De nuevo, oscuridad y silencio. Aquello era desesperante. Repetí por tercera vez:

> Yo: ¡Señoras y señores, tengan ustedes muy buenas noches!

Entonces se escuchó una voz de la platea:

> Voz: Pará, ché Gordo. ¿Hasta cuándo vas a seguir saludando?

Una duda me invadió: ¿Habría solo un espectador? Efectivamente, esa noche tuvimos uno solo. Y gracias a que no le devolvieron el valor de la entrada porque para colmo la había comprado creyendo que se trataba de un cinematógrafo. Al no conseguir que le devolvieran el dinero, el tipo no tuvo más remedio que entrar y sentarse. Cuando me encontré con el empresario y le pregunté por qué no había suspendido la función, me contestó: «Yo les pago por actuar, de modo que con uno o con mil espectadores ustedes tienen que trabajar lo mismo». Tenía toda la razón.

¡Corramos, Gordo!

En otra ocasión, Alberto Olmedo y yo fuimos contratados para trabajar en la inauguración de un salón de baile en la ciudad de Lanús. Cuando llegamos al club calculamos que habría unas 1500 personas en un lugar donde a todo reventar entraban 700. El propietario del salón nos dijo que el único acceso al escenario era por el salón mismo, en medio de toda la gente. Olmedo protestó:

Olmedo: ¡Pero el público nos va a matar!

El dueño nos pidió que nos quedáramos tranquilos, que había contratado a cinco guardaespaldas para que nos protegieran. Hicimos la tentativa de avanzar hacia el escenario. Apenas habíamos dado dos pasos cuando alguien gritó:

Espectador: ¡Ahí están!

En su afán de demostrarnos su cariño e intentar abrazarnos o a lo menos tocarnos, la gente que desbordaba el local produjo una avalancha tal que los dos primeros guardaespaldas fueron a parar debajo de una mesa.

Olmedo (gritándome, preocupado): ¡Corramos, Gordo!

Pero una vieja me había agarrado por la corbata mientras un petiso me tenía una lapicera y un pedazo de papel pegados a un ojo y me pedía que le firmara un autógrafo. Olmedo seguía gritando desesperado:

Olmedo: ¡Salí, Gordo, salí!

Aquello parecía una película cómica. La gente caía al suelo por los empujones y la avalancha. Al final logré salir. Furiosos nos dirigimos al propietario. Le dijimos que por qué razón no nos había hecho entrar al escenario por la puerta de atrás. Lo que nos contestó nos dejó helados.

Propietario: Lo que pasa, muchachos, es que solamente anoche terminamos de levantar el escenario y se nos pasó por alto un pequeño detalle. Nos olvidamos de hacer la puerta. Incrédulos, fuimos a la parte de atrás del edificio y, en efecto, vimos que no había puerta. Lo que sí había eran dos tipos con sendas mazas que desesperados golpeaban la pared tratando de hacer un boquete.

Olmedo: ¿Y si salimos corriendo, nos metemos al auto y nos vamos disparados?

Yo: ¡Ni te atrevas! ¡Mirá lo que tiene el señor en la cintura!

Cuando el Negro Olmedo vio que de la cintura del empresario se asomaba una pistola calibre 9 milímetros, me dijo al oído:

Olmedo: ¡Sonaste, Gordo! ¡Vas a tener que entrar por el agujero!

Uno de los dos hombres con las mazas se detuvo en su trabajo a medio terminar y dijo: Trabajador: ¡No podemos seguir rompiendo porque se nos puede caer toda la pared! Olmedo (dirigiéndose al dueño): ¿Usted cree que el Gordo pase por ahí?

Propietario (con pleno convencimiento): Si usted pasa primero, lo toma de los brazos y tira, nosotros lo tomamos por las piernas y lo empujamos.

Olmedo (mirándome, entre serio y risueño): Bueno, Gordito. Esto te demuestra que la vida del cómico no es nada fácil.

El público, al ver que no salíamos, empezó a patalear como loco. El Negro Olmedo salió al escenario, tomó el micrófono y después de dejar que se apagaran los aplausos, les habló, diciendo:

Olmedo: Señoras y señores, tengo el gusto de presentar al Lechón Mayor de Buenos Aires, a mi amigo y compañero de toda la vida. Les presento a ¡JORGE PORCEL!

Mientras yo miraba el boquete, el dueño me decía:

Propietario: ¿Qué espera, hombre? ¿Que el público nos rompa todo el local?

Así es que no me quedó más remedio. Primero pasé los brazos. Después la cabeza. Olmedo me tomó de las manos. Empezó a tirar. Los guardaespaldas y el dueño me tomaron por las piernas y empezaron a empujar. Creí que pasaba, pero a la mitad me atasqué. Mientras el dueño se quedaba agarrado de mis piernas, los guardaespaldas fueron por el otro lado, se subieron al escenario y con Olmedo empezaron a tirar de mis brazos.

Yo (gritando, desesperado): ¡No paso! ¡No paso!

El público se reía y aplaudía a rabiar. Al ver que no pasaba, el dueño puso reversa y empezó a tirar para afuera. Los otros seguían en primera tirando para adentro.

Yo (gritando más fuerte): ¡Paren! ¡Paren! Que me van a partir por la mitad.

Como todos empujaban para lados distintos yo no entraba ni salía, hasta que en un momento, en medio de ese tira y afloja, se desprendió un pedazo de pared en el boquete y así pude entrar.

Aquella fue una noche inolvidable. Finalizada nuestra actuación, me dijeron que tenía que volver a usar el boquete para abandonar el edificio. Yo me negué rotundamente:

Yo: ¡No! ¡Yo salgo por entre el público!
Olmedo: ¿Vos estás loco, Gordo?
Yo (resuelto): ¡No me importa! ¡Me la juego!

Entonces los cinco guardaespaldas, tres músicos de la orquesta y el dueño formaron un cordón humano para que pudiéramos salir. El público empezó primero con los empujones para tratar de llegar hasta donde estábamos nosotros. Después, siguieron las avalanchas. Un tipo grandote que quiso traspasar la barrera empujó a uno de los guardaespaldas. Este se volvió y le tiró una trompada. Fue el comienzo del desastre. Piñazos, botellazos, balazos, más trompazos, mesas rotas, sillas volando por los aires, cachetazos. En 15 minutos logramos salir. Cuando poníamos los pies afuera del edificio hacía su entrada el agente artístico que había vendido nuestra actuación. Sonriendo, nos preguntó:

Agente: ¡Cómo! ¿Ya se van? ¿Por qué no vamos al buffet a tomarnos una copa?

Lo que Olmedo y yo le dijimos es material totalmente irreproducible.

¡24 puñaladas!

Otra vez estábamos en Guayaquil. Nuestras presentaciones en el teatro más importante de esa ciudad habían sido absolutamente exitosas. El público se había reído y festejado con entusiasmo cada una de nuestras actuaciones que se prolongaban por dos horas. Al terminar la última función fuimos a cenar con el empresario y varios amigos. Se escogió un restorán de las inmediaciones elegantemente decorado. Al llegar, el propietario nos estaba esperando. Fuimos recibidos con gran cordialidad y afecto. La mesa estaba puesta y lucía finos adornos florales montados sobre un impecable mantel bordado por artesanos. El ambiente era agradable y acogedor. Después que nos ubicamos cada uno en su lugar, el propietario anunció que él personalmente nos atendería. Tomando una lapicera para anotar lo que íbamos a ordenar, nos preguntó:

Propietario: ¿Qué les parece primero un poco de leche de la mujer amada?

Olmedo (dirigiéndose a mí): Parece que esta noche la vamos a pasar bomba.

Propietario (repitiendo su ofrecimiento): ¿Les traigo, entonces, un poquito de leche de la mujer amada?

Yo: Querido amigo, empecemos por el principio. Todo está muy bien, pero aclaremos porque no quiero malos entendidos. Esa mujer amada ¿es casada o es soltera? No vaya a ser cosa que se aparezca el marido y se arme la gorda.

Olmedo: ¿Qué tal está esa mujer amada? ¿Está bien o solo regular?

Después de las risas y jaraneos, el propietario nos explicó que lo que nos estaba ofreciendo era un vino alemán que estaba muy de moda por esos días y cuyo nombre era Liebefraumilch, que traducido al español quiere decir leche de mujer amada.

La cena transcurrió en medio de chistes, cuentos y anécdotas. Esa noche nos sirvieron los mejores mariscos que comí en mi vida. Sin duda alguna, el chef y los demás cocineros sabían lo que hacían. Antes de finalizar el agasajo, Olmedo, tomando una copa de champagne se puso de pie y en pocas palabras agradeció la manera cariñosa con que nos habían tratado durante nuestra estada en Guayaquil. El público había sido tan generoso en su respuesta a nuestro trabajo que la última moche aplaudieron de pie durante largos minutos. Después de las palabras de Olmedo yo también brindé por el éxito de nuestra última función. El empresario, que estaba sentado a mi lado izquierdo, me dijo en voz baja:

Empresario: Perdone Porcel, pero la función de hoy no fue la última.

Yo: ¿Cómo que no fue la última? ¡El contrato dice claramente que la función de hoy era la última!

Empresario: Sí. Usted tiene razón, pero mañana tenemos una función a las 9 de la mañana.

Yo: Bueno. No hay inconveniente, pero dígame, ¿cuánto nos van a pagar? Porque no es fácil hacer reír a la gente a las 9 de la mañana».

Empresario (con gesto preocupado): Me temo que no les van a pagar nada.

Olmedo (que estaba a mi derecha y que escuchó la última parte de la frase del empresario): ¿Qué es lo que no nos van a pagar?

Yo: Una función que tenemos que hacer mañana.

Olmedo: ¿A qué hora va a ser esa función si nuestro avión sale a las 7 de la tarde?

Yo: A las 9 de la mañana, y el empresario dice que la tenemos que hacer gratis.

Olmedo (dirigiéndose al empresario): ¿Pero usted está loco o le hizo mal la leche de la mujer amada? Encima que nos tenemos que levantar como a las 7 de la mañana no nos van a pagar. ¡Qué! ¿Están todos borrachos acá? Ya sé. Esto es una broma.

Empresario: No es broma. Es en serio. Lo que pasa es que hay una ley que dice que todo artista que viene a trabajar a Guayaquil tiene que hacer por lo menos una función gratis como cortesía, digamos en un hospital, una escuela.

Olmedo: ¿Y si nos negamos?

Empresario: No pueden salir del país.

Yo: ¿Cuánto cuesta un departamento aquí en Guayaquil?

Olmedo: Bueno, Gordo. Si es verdad que existe esa ley tenemos que trabajar sí o sí... ¿Y se puede saber dónde
vamos a trabajar?
Empresario: En la cárcel.
Olmedo: ¡No! Ustedes me están cargando.
Empresario: No, Alberto. Le estoy hablando en serio. Es en la
cárcel. Mañana a las 9 en punto los pasaremos a recoger.

Al otro día estábamos a las 8 y media esperando en el vestíbulo del
hotel.

Apenas llegamos a la cárcel, nos llevaron al despacho del director,
que resultó ser un señor muy simpático. Nos saludó, nos dio la bien-
venida y nos agradeció la visita. En seguida nos llevó a un salón de ac-
tos bastante grande. Nos hizo subir a la parte de atrás del escenario y
nos dijo que nuestra actuación iría después de una orquesta que estaba
tocando temas tropicales.

Yo: ¿Es extranjera esta orquesta?
Director: No. Es de Guayaquil.
Yo: ¿Dónde tocan habitualmente?
Director: Aquí, en la cárcel.
Yo: ¿Vienen los fines de semana?
Director: No. Tocan todos los días.
Yo: ¿Cómo todos los días?
Director: Es una orquesta formada por los presidiarios; por
ejemplo, el trompetista es un músico que robó un ban-
co, el que toca las tumbadoras llevaba droga escondida
al Japón, el pianista libraba cheques falsos.
Yo: Suena bastante bien, ¿eh?
Director: Por supuesto. Son todos músicos profesionales
pero que por una cosa u otra han delinquido... hasta
grabaron un long-play... tome, acá tiene uno.

Empecé a leer los títulos de las canciones: «Tras los barrotes», «Cadena perpetua», «Madrecita, perdóname», «Me faltan dos meses», «En la oscuridad de mi celda». Director: Como verá, toda es música carcelaria. ¡No sabe cómo se vende! De este ejemplar ya llevan más de 40 mil copias vendidas.

Terminada la actuación de la orquesta, cayó el telón. Mientras los músicos empezaban a desarmar y a guardar sus instrumentos, el cantante, un muchacho de unos 35 años, alto y de buena contextura física, al vernos a Olmedo y a mí nos saludó efusivamente: Cantante: ¡Olmedo! ¡Porcel! ¡Los dos juntos! ¡Mis dos cómicos preferidos! ¡Déjenme que les dé un abrazo! ¿Pero qué hacen aquí? ¡Ya sé! Vienen a cerrar el espectáculo. Cuando los vean los presidiarios se van a morir de alegría porque no sé si saben que acá en Ecuador ustedes dos son los número uno. Yo vi todas sus películas. ¿Me firman un autógrafo? Aquí, en la tapa del long-play.

Mientras le firmábamos los autógrafos vimos que el último tema del long-play se titulaba «La maté de 24 puñaladas», tema con que el cantante había cerrado la actuación de la orquesta esa mañana.

Olmedo: Lindo tema, ¿eh?

Cantante: ¿Cuál?

Olmedo: ¡Este! «La maté de 24 puñaladas»

Cantante: ¡Ah, sí! Es un tema que yo compuse. ¿Me escucharon cantarlo?

Olmedo: Sí. Muy tierno. ¿Y por qué lleva ese título?

Cantante: Porque la maté de 24 puñaladas.

Yo: ¿A quién?

Cantante: ¡A mi mujer!... ¡Titulazo, eh!

Olmedo: ¿En serio mató a su mujer de 24 puñaladas?

Cantante: ¡A mi mujer y a mi suegra!

Alberto y yo nos miramos.

Cantante: Mientras yo trabajaba, mi mujer se acostaba con un tipo, y mi suegra la apañaba. Un sábado se suspendió el baile en que actuábamos. Llegué a mi casa cuatro horas antes de lo normal. La encontré con el tipo en la cama, y ahí no más...

Olmedo (interrumpiendo bruscamente el relato): Gordo, vamos a ensayar que actuamos dentro de 10 minutos.

Cantante: Bueno, muchachos. Después seguimos hablando.

Olmedo (al director): ¿Nos podría conseguir una toalla, por favor?

Director: ¿Una toalla? ¿Y para qué una toalla?

Olmedo: ¡Para secarnos la sangre que nos acaba de salpicar!

Director: ¡No entiendo!

Yo: Lo que pasa es que estuvimos hablando con el cantante y nos contó por qué a la última canción le habían puesto «La maté de 24 puñaladas».

Director: ¡Ah, sí! Fue un hecho muy comentado acá... A la mujer la mató de 24 puñaladas, después agarró a la suegra y le metió 15.

Yo: A la vieja le hizo un buen descuento, ¿eh?

Olmedo: ¡Y pensar que con esa mano me tocó la cara! ¿Todos los que están acá son como ese?

Director: La mayoría... El que no purga una condena de 20 ó 25 años le dieron cadena perpetua. Pero quédense tranquilos que acá está todo controlado. Como verán, tenemos guardias armados hasta los dientes.

A las 7 y media de la tarde partíamos de regreso a casa.

Al aire libre y sin micrófono

Ese año nos contrataron para actuar en varios bailes de carnaval acompañados por la vedette Susana Brunetti. Unas de esas actuaciones eran muchas veces en los corsos vecinales. Para quienes no saben lo que son los corsos vecinales, se trata de fiestas que se hacen en la calle principal de los pueblos o ciudades. Al final de la calle se instala un gran escenario en el que los artistas pueden verse de cualquier distancia o ángulo de la calle. Son fiestas gratuitas lo que anima a que las familias completas participen. El espectáculo comienza con un desfile de carrozas alegóricas. Después de este se inicia otro, siempre por la calle principal, en el que participan murgas o comparsas, conjuntos excéntrico-musicales con participantes ataviados de varios colores y telas brillantes. No faltan los hombres vestidos de mujer en forma grotesca y graciosa.

Estos conjuntos compuestos a veces hasta por 200 personas se especializan en hacer parodias de canciones populares, famosas y en boga. Las cantan coros que han ensayado durante meses. Les cambian las letras y los estribillos, reemplazándolos por coplas de contenido político, deportivo, social, policial o artístico en forma de denuncia, protesta o simplemente abundantes en frases de doble sentido y rimas que el público festeja con entusiasmo.

Una de esas noches nos tocó trabajar en el corso de un pueblo situado a unos 50 kilómetros de la ciudad de Rosario. Cuando íbamos llegando, vimos a la distancia que habría entre 20 y 25 mil personas reunidas. Nos esperaban una veintena de policías y los organizadores. Uno de ellos se acercó y con la preocupación pintada en su rostro me dijo tres palabras que eran la síntesis del drama que se avecinaba. Esas tres palabras son: tenemos un problema. ¡Cuántas veces habré escuchado esas tres palabras terribles que presagian un inconveniente insalvable! ¡Cuántas veces he tenido que soportar lo que venía tras esas tres palabras! Por eso, cuando a un artista le dicen antes de comenzar, tenemos un problema, pueden ocurrir varias cosas: ¡No está la plata! ¡La orquesta no vino! O ¡Se rompió el escenario! Por eso, cuando vemos a nuestro agente artístico discutiendo y gesticulando acaloradamente con los organizadores nos damos cuenta que algo grave está pasando. En este caso, al rato llegó nuestro agente y nos dijo:

Agente: Tenemos un problema.

Pero antes de contarnos el problema, nos dijo, como siempre lo hacen todos los agentes con sus artistas:

Agente: ¡Muchachos, que no decaiga el ánimo! ¡Arriba ese entusiasmo! ¡No se dejen copar por la malaria! ¡Vamos, alegría, alegría!

Y así por el estilo, repite y repite consignas de valor queriendo inyectarnos un optimismo que ni él mismo se lo creía.

Olmedo (nervioso): ¿Cuál es el problema?

Agente (con voz apagada y temblorosa y con idéntico gesto al de un condenado a muerte frente al pelotón de fusilamiento): No es uno sino que son varios los problemas.

Olmedo (ya enojado): ¿Nos quiere decir de una vez cuáles son los problemas?

Agente (con la cara más descompuesta todavía): ¡Vamos al escenario! Después les cuento. Pero arriba, muchachos. ¡Que no decaiga ese ánimo!

De pronto nos vemos rodeados de policías.

Uno de los organizadores: Porcel, va a tener que ponerse fuerte.

Yo: ¿Por qué?

Organizador: Porque vamos a tener que pasar por entre la gente.

Yo: ¡Otra vez! ¿No podemos entrar por atrás? ¿No hay una escalera? ¿Nada? Organizador: No podemos, porque el escenario lo levantaron contra una pared en una calle sin salida. Por eso nosotros los vamos a cuidar del público con estos policías que tienen experiencia en este tipo de aglomeraciones.

Cuando vi la pinta de los policías casi me eché a llorar. Preferí encomendarme a Dios.

Nos tomó más de 20 minutos atravesar por entre la gente. La policía se daba de trompadas con el público mientras nosotros, vestidos de smoking y la vedette Susana Brunetti con un vestido ajustado, largo, que apenas podía caminar. Los policías nos llevaba rodeados, impidiendo que se acercaran a nosotros los que nos querían abrazar, besar, tocar y todo lo que termina en ar. Fue la experiencia más terrible de mi vida. Pero ahí estaba la plata. «Y la plata cuando está hay que agarrarla» decía mi amigo Olmedo que se reía a pesar de todo, mientras me repetía: «Qué pan duro, Gordito ¿eh?» Y yo me acordaba de los que dicen: «¡Qué fácil se ganan la plata los cómicos!»

Después de atravesar la calle a empujones, piñazos y otros golpes, llegamos al lugar donde se levantaba el escenario. Susana Brunetti fue la primera en enfrentarse a él. Protestando, le gritó al agente artístico:

Susana: ¡Mirá como me rompieron el vestido! ¿Me querés decir cómo voy a hacer para subir la escalera con este vestido ajustado?

Olmedo (dándose vuelta, me dice por lo bajo): ¡Ella no me preocupa! ¡El que me preocupa sos vos!

A las espaldas de nosotros, como quien lanza palabras al viento, se escuchó:

Empresario: ¡Que no decaiga ese ánimo!

Contar todo lo que tuvimos que hacer para subir al escenario parecería una exageración. Solamente imagínense a 5 policías subiendo por la escalera mientras Olmedo con el agente artístico me tomaban de los brazos y me querían subir de un solo golpe. Cuando ya estábamos los tres arriba y ante la gritería de la gente, Olmedo dijo:

> *Olmedo:* Bueno. Ya podemos comenzar.
> *Agente:* Ahora tenemos el problema más serio. Los micrófonos no funcionan.

Nosotros no sabíamos si reír o llorar.

> *Olmedo* (resignado): ¡Qué vamos a hacer! ¡Lo haremos sin micrófono! La vida es así. ¡Que no decaiga el ánimo!

El espectáculo duró 20 minutos. Nosotros, a los gritos, tratando que nos escucharan y la gente gritándonos a nosotros:

> *Voces del público:* ¡Más fuerte! ¡No se oye! ¡Ché Olmedo, ¿por qué no le decís a la mina que se haga un strip-tease!

Nosotros seguíamos actuando. La gente seguía gritando.

¡No tiren!

A los 20 minutos nos sacaron entre dos patrulleros en medio de la gritería del público. De ahí fuimos directamente a Rosario a trabajar en el club Olegario B. Andrade. Estábamos llegando 1 hora y media atrasados. Dos cuadras antes de llegar al Club los policías nos pidieron que nos detuviéramos. Así lo hicimos.

El oficial al frente del pelotón: ¡Síganme con cuidado! El público está que vuela y con razón: una hora y media esperando. ¡Síganme!

Esta vez tuvimos suerte. El escenario estaba a un metro de la puerta de entrada. Con la ayuda de la policía entramos sin problemas. Ya arriba del escenario pudimos escuchar mejor los gritos y los insultos del público. El Negro Olmedo, que es rosarino, nos dijo: Olmedo:

¡Tranquilos, muchachos! Yo nací en este barrio y aquí me quieren mucho así es que me van a respetar. Ustedes, tranquilos.

El presentador tomó el micrófono y empezó a anunciar que ya habíamos llegado y que en pocos minutos comenzaría nuestra actuación. Nos preguntó:

> *Presentador*: ¿Listos?
> *Nosotros*: ¡Listos!»
> *Presentador* (dirigiéndose al público): Señoras y señores, con ustedes, los artistas. Haciéndose el simpático, Olmedo hizo su aparición saltando y levantando los brazos al estilo de un campeón mundial de boxeo.
> *Olmedo*: ¡Buenas noches, señoras y señores!

No bien hubo terminado de decir esas palabras cuando un ruido ensordecedor llenó el recinto. El Negro salió corriendo del escenario mientras gritaba:

> *Olmedo*: ¡Me tiraron con un sifón! ¡Me tiraron con un sifón!

Se parapetó detrás de una columna que, desgraciadamente no lo protegía por completo de las naranjas, vasos y botellas que le seguía llegando. No paraba de gritar:

> *Olmedo*: ¡Llamen a la policía!

Llegó la policía y el oficial a cargo del pelotón y tres de sus subalternos subieron al escenario. En medio de una lluvia de naranjazos y algunos botellazos lograron rescatarlo llevándolo hasta donde estábamos nosotros. Ya un poco más recuperado, el Negro le comentó a su salvador:

> *Olmedo*: Están algo nerviosos los muchachos, ¿eh? ¿Siempre es así aquí?

Oficial: Esto sucede con bastante frecuencia debido al exceso en el consumo de alcohol de un grupo de jóvenes irresponsables que vienen de otros lugares a hacer escándalos cada vez que se presenta un artista popular. No son muchos. A lo más treinta, pero estos pocos contagian a los demás. Eso, sumado a que ustedes llegaron muy atrasados hizo que estos tipos descargaran su bronca contra ustedes.

En eso llegó un médico del barrio, hombre querido y respetado por todos. Al subir al escenario, se produjo un silencio total. Pidió cordura y permitió que el espectáculo se iniciara. Comenzamos a trabajar. La gente se divertía como loca. Con su simpatía, Susana Brunetti acaparó los mejores aplausos de la noche. Cuando estábamos por terminar la actuación salimos los tres a saludar y a despedirnos con una canción. Un grupo, al ver que el espectáculo llegaba a su fin, empezó a gritar:

Grupo de entre el público: ¡Ladrones! ¡Devuelvan la plata!

Los demás se fueron contagiando otra vez. Antes de terminar la canción y viendo lo que se nos venía encima, salí corriendo del escenario y me metí en el patrullero que estaba estacionado fuera del local. Los gritos se escuchaban desde la calle. Unos segundos después de mí llegaron también corriendo Susana Brunetti y Alberto Olmedo y se metieron en el radiopatrullero. Olmedo no paraba de reír. En realidad nunca lo había visto reírse así. Susana Brunetti también empezó a reírse sin parar.

Yo (dirigiéndome a Olmedo): ¿Se puede saber qué pasó que te estás riendo de esa manera?

Olmedo: Decime, Gordo, en tu vida de actor ¿con qué es lo más grande que te han tirado? Yo: Con naranjas, con huevos, con piedras. ¿Por qué?

Olmedo (llorando de la risa): ¿Sabes con qué nos tiraron a
   Susana y a mí?

Yo: ¿Con qué?

Olmedo (casi sin poder hablar): ¡Con un chico, Gordo, con
   un chico!

Yo: ¿Cómo con un chico?

Olmedo: Cuando vieron que estábamos terminando nuestra
   actuación y que tú ya te habías ido, la gente empezó a
   protestar. Y entonces 6 ó 7 muchachos agarraron a un
   chico de unos 5 a 6 años que estaba parado delante de
   todos, lo alzaron en vilo y revoleándolo, lo lanzaron al
   escenario mientras decían: «¡Tomá, flaco! ¡Llevátelo!»

Debut en la ferretería

El público casi siempre ignora los problemas y disgustos que exis-
ten en la vida de un comediante. No todo es risa y aplausos. No todo
son felicitaciones y firmar autógrafos. No todo es como la gente cree
que es. Pero esta vez fue diferente.

Nos contrataron para actuar en un pueblo para un 25 de mayo,
feriado de especial significación para los argentinos. Es el día en que
se conmemora la fecha cuando se selló la libertad del pueblo latinoamericano. No sé si era por Santiago del Estero o el norte de Santa Fe.
Lo que sí recuerdo bien es que nuestra actuación estaba programada
para las 9 de la noche. Nosotros llegamos al pueblo a las 2 de la tarde.
Salvo una que otra persona, en las calles a esa hora no andaba nadie,
así es que decidimos ir en busca del teatro donde trabajaríamos. Buscamos y buscamos y no encontramos nada que pareciera teatro. En
realidad, en el pueblo no había teatro. Salimos en busca del club más
importante. Si no había teatro, nuestra actuación tendría que ser,
obligatoriamente, en el club principal. Lo encontramos, pero allí nadie sabía nada; es más, esa noche estaba anunciado un concurso de
cantantes de tangos. Fuimos a la Sociedad de Fomento. Menos. El
único cine del pueblo estaba cerrado por reparaciones. A pesar de

estar en invierno, el calor era insoportable. El sol quemaba como un soplete, cosa muy rara para esa época del año. No nos tomó más de 15 a 20 minutos recorrer todo el pueblo. Nadie sabía decirnos dónde actuaríamos. Los negocios estaban cerrados y la gente durmiendo la siesta, salvo una ferretería que encontramos abierta en una de las tantas vueltas que dimos. Nos bajamos del auto y entramos. El dueño era un hombre que andaría por los 70 años. En cuanto nos vio, nos reconoció y la cara se le iluminó. Nos saludó efusivamente al tiempo que nos decía:

Ferretero: ¡Por fin llegaron, muchachos!

Olmedo: Patrón. Tenemos un problema bastante serio. Sabemos que tenemos que actuar esta noche, pero no sabemos dónde.

Patrón (sonriendo): ¡Acá, Olmedo!

Olmedo: Acá, ¿pero dónde acá?

Patrón: ¡Acá, en la ferretería! Corremos el mostrador, sacamos aquellas latas de pintura, usamos sillas plegables que las tenemos y con un esfuercito más, se pueden sentar cómodamente entre 90 y 100 personas.

Yo salí a la calle y me fui a reír debajo de un árbol. No podía creer lo que acababa de escuchar. El Negro Olmedo me llamó que volviera. Yo entré tratando de no reírme en la cara del patrón.

Yo: Todo está muy bonito, pero nosotros, ¿dónde vamos a trabajar?

Patrón: ¿Cree que no pensé en eso? En dos minutos les preparamos el escenario.

Olmedo y yo (a dúo): ¿Pero dónde?

Patrón: Allá. En el fondo. Ponemos 4 tambores de 250 litros cada uno, unas tablas encima y ya, listo el escenario. ¿Qué tal? ¿Creen que no había pensado en eso?

Yo: Escúcheme, patrón. Usted que pensó en todo, ¿por qué no pensó en hacer un poco de publicidad, alquilar un salón del club y así habría entrado más gente?

Patrón: ¡Para qué, si aquí estamos bien!

Olmedo: Para que entre más dinero, porque con 70 u 80 personas que entren no creo que vaya a cubrir los gastos y le vaya a quedar mucho.

Patrón: ¡Si yo esto no lo hago para ganar plata!

Yo: ¿Para qué lo hace, entonces? Porque nosotros ya cobramos el dinero que nos pagó la agencia antes de salir para acá.

Patrón: ¿Saben muchachos lo que pasa? Esta actuación de ustedes es para darle una sorpresa a mi suegra que cumple 90 años y los quiere a ustedes con locura. Ella no sabe que ustedes van a trabajar acá. Las personas que van a venir son todos familiares y amigos íntimos de mi familia. ¿Se dan cuenta? Es un gusto que le quería dar.

Fue aquella una noche inolvidable. La abuela no lo podía creer. Esa noche trabajamos como nunca para el público más sincero y cariñoso que jamás habíamos tenido. Como invitados especiales estaban el comisario, el jefe de bomberos, el médico de cabecera de la familia, el cartero y toda la familia y demás amigos. Gente definitivamente maravillosa. Terminada nuestra actuación, en el patio de atrás de la ferretería nos esperaba un asado con vino y guitarras que amenizaron la fiesta hasta las 6 de la mañana. Si no nos echan, todavía estaríamos allí.

Cuando el humor se excede

Hace muchos años estaba trabajando en el Teatro Maipo, en una revista que tenía un éxito tremendo. La música, escrita por el gran músico italiano Lucio Milena le daba una categoría muy especial al espectáculo.

Muy pocas veces tuve la oportunidad de escuchar arreglos con tan buen gusto que los hechos por este gran músico. El vestuario era de tonos alegres, adornado con lentejuelas, pedrerías y plumas, muchas plumas, porque una vedette sin plumas es como un día domingo sin sol. Algunos de los decorados corporeos, fáciles de cambiar, contrastaban mientras que otros combinaban con las luces de colores todo lo cual era un lujo para los ojos del espectador.

El guión, escrito por el maestro del espectáculo don Julio Porter, era tan efectivo que muchas veces había que reparar tres o cuatro butacas, dañadas por la risa descontrolada de los espectadores.

Don Julio Porter, autor de tangos, de guiones para cine y teatro y director de películas de éxito era uno de los expertos y que mejor conocía este difícil negocio del entretenimiento. Un día, me dio un consejo que nunca olvidé ni olvidaré. Me dijo: «El cómico que se divierte metiéndose con el público lo puede pasar muy mal a no ser que alguien del público se meta con el cómico y le dé pie para la réplica espontánea. Así que recuérdalo: nada de meterse con el público».

Por ese tiempo yo trabajaba con dos cómicos muy graciosos y experimentados. En un momento, uno de ellos advierte que en la primera fila había un espectador con los ojos cerrados. Sin pensarlo dos veces, quiso ridiculizarlo creyéndolo dormido. Se dirigió al público de esta manera:

Cómico: Señoras y señores, les ruego se rían en voz baja, no vaya a ser que este buen hombre que está durmiendo plácidamente aquí en la primera fila se vaya a despertar.
Espectador (sonriendo): Perdón, señor, pero no estoy durmiendo. Soy no vidente.

Mientras la cara del cómico cambiaba de colores, el público, después de un largo silencio, aplaudió al espectador.

¡Qué duro es este pan!

Durante tantos años que trabajamos juntos, Alberto Olmedo y yo hemos actuado en los lugares más inverosímiles. La experiencia siguiente es digna de un guión de Fellini o Ionesco no por lo absurdo ni por lo increíble, sino porque tengo mis serias dudas que el hecho haya realmente ocurrido.

Corría el mes de junio. Llegamos a un pueblo al interior de la República Argentina. Inmediatamente nos llevaron a la jefatura policial y de allí, en un ómnibus destartalado, al hotel.

Fundado en 1920, el hotel había sido un pequeño hospital. Así por lo menos rezaba una placa recordatoria. Mientras nos tomaba los datos personales, el empleado de la recepción tenía que atender a la serie de preguntas que le iba haciendo, una tras otra, el Negro Olmedo.

Olmedo: ¿Las habitaciones son individuales?
Recepcionista: No, señor. No son individuales. Van a tener que compartir la habitación. *Olmedo*: ¿Por qué?
Recepcionista: Porque es la única habitación que tengo disponible.
Olmedo: ¿Tiene calefacción central este hotel?
Recepcionista: No, señor. No tiene calefacción central.
Olmedo: ¿E individual?
Recepcionista: Tampoco, señor. Ni individual.
Olmedo: Baño privado sí tendrá.
Recepcionista: Casi privado, señor.
Yo: ¿Cómo casi privado?
Empresario (metiéndose en el interrogatorio): Muchachos, agarren viaje y no hagan más preguntas, que este es el único lugar decente para dormir que hay en este pueblo. Vayan a comer al restorán que yo llevaré las maletas a su habitación.

El restorán, como todo en el pueblo, era triste y viejo. El único adorno que tenía eran los manteles de hule que cubrían las mesas y unos floreritos con flores blancas, de plástico. En la pared había dos fotos del año 46 de la portada de la revista «El Gráfico» enmarcadas con menos gracia que un vencimiento. Nos sentamos a una mesa que daba a la única ventana que tenía el restorán. Una mujer delgada, pálida, de unos 55 años, peinada con rodetes, sin pintura y vestida de negro, nos miraba indiferente desde detrás del mostrador.

Yo (dirigiéndome al Negro): ¿La viste?

Olmedo: ¿A quién?

Yo: ¡Cómo a quién! ¡A doña Alegría!

Olmedo (mirándola sin decir palabra.. se dirige al camarero que nos traía el menú): ¿Cuándo la entierran?

Camarero (con la misma gracia de doña Alegría): ¿Qué van a comer?

Olmedo (tomando el menú): ¿Te gusta el mondongo, Gordo?

Yo: Sí.

Olmedo: Traiga dos mondongos.

Camarero: ¿Y para tomar?

Olmedo: Vino. ¿Qué vino hay?

Camarero: De la casa, nada más.

Olmedo: Está bien.

Al rato, el camarero regresa con la botella de vino y una mala noticia:

Camarero: No hay más mondongo. Se acabó.

Yo: Traiga dos milanesas con papas fritas y huevos.

Camarero: ¿Algo más?

Mientras el camarero se dirigía a la cocina, Olmedo destapaba la botella. Echó un poco en un vaso y lo probó.

Yo (observando lo que hacía): ¿Qué tal?

Olmedo (mirándome con una sonrisa maliciosa): ¿Tú tomaste alguna vez aguarrás?

Yo: ¿Aguarrás? No, nunca ¿por qué?

Olmedo: No, por nada. Me sirvió un poco en mi vaso, lo
probé y me eché a reír.

Olmedo (en voz baja): ¡Qué duro el pan que nos ganamos, eh!

Terminamos de comer. Nos metieron en el mismo bus, tomamos
una ruta de tierra, oscura, sin iluminación y viajamos por una hora.
Cuando nos quisimos acordar, estábamos en el medio del campo.
Abrieron una tranquera. Entramos y seguimos durante 15 minutos.
Llegamos hasta donde nos esperaba un camión.

Yo (dirigiéndome a Olmedo): ¿Qué hacemos acá?

Olmedo (riéndose): ¿Durito el pan, eh?

El empresario bajó del ómnibus, se dirigió al camionero, habló
brevemente con él y luego vino a donde estábamos nosotros:

Empresario: Bueno, muchachos, es acá.

Yo: ¡Acá! ¿Dónde acá?

Empresario: Acá, en el campo... Con unos alambres nos
conectamos a la batería del camión, ponemos una lám-
para aquí, se suben atrás del camión y hacen cuenta
que están en un escenario.

Silencio... Más silencio.

Olmedo (riéndose): ¡No será Las Vegas, pero tiene su encanto!... además, el campo es sano, saludable, nos per-
mite estar en contacto con la naturaleza... en fin... Gordo, no me vas a negar que somos unos privilegiados.

Me fui a sentar al viejo ómnibus y me quedé dormido profundamente. Al rato me despiertan tres tremendas explosiones. Bajo del ómnibus y averiguo qué pasa. Nada. Eran tres bombas de estruendo para avisar a los pobladores del lugar que ya habíamos llegado. Como a los 20 minutos empezaron a caer a caballo, en carritos, en toda clase de vehículos. Llegaban de todas direcciones. Agricultores y toda la peonada. A la media hora habían unas 500 personas, sin contar los carros y los caballos. Subimos al camión y nos llevamos la gran sorpresa de la noche. Había un micrófono conectado a un parlante y este, a su vez, a otra batería. Cuando terminamos de actuar, recibimos con satisfacción el aplauso generoso de la gente. Al llegar al hotel, Olmedo entra primero a la habitación. Sale de inmediato y me dice:

Olmedo: ¡No entrés!
Yo: ¿Qué pasa?
Olmedo: ¿Cómo andás del corazón?
Yo: ¡Dale, Negro! ¿Qué pasa?
Olmedo: Tenemos baño privado... bueno, privado privado, lo que se dice privado, no es. Entro a la habitación. En uno de los rincones había un inodoro con una pileta al lado (o sea, que el inodoro estaba dentro de la habitación).
Olmedo (riendo): Si vas a hacer uso del baño, avisáme.

Las camas eran de hierro pintadas de blanco, lo último que quedaba del viejo hospital. No había teléfono.

Yo: ¿Este hotel no te hace recordar, querido Negro, el Hilton de Manhattan?
Olmedo: ¡Qué duro es este pan!

Capítulo 17

El humor, según Porcel

El humor es la actitud que una persona manifiesta y que revela su estado de ánimo influyendo en su vida emocional.

Un recuerdo amargo en la niñez es un factor decisivo que dejará a una persona marcada para siempre. Los niños que han sido víctimas de abuso con castigos corporales y mentales, o que han sido testigos de reyertas familiares que a veces terminan en un hecho de sangre invariablemente arrastrarán en su memoria esos recuerdos por el resto de sus vidas.

El abandono por parte de los padres, el abuso sexual, el castigo reiterado y la miseria son los elementos que forjarán a corto o mediano plazo a drogadictos, delincuentes juveniles y madres precoces.

Qué clase de humor se le puede pedir a personas que han pasado por estas dolorosas experiencias. Qué clase de humor se le puede pedir a gente que ha sido golpeada sin misericordia por la vida. A niños que deambulan por las calles buscando en los basureros algo que comer. Qué humor se les puede pedir a los padres que han transitado por todos los caminos de la injusticia y que han visto cómo se les van muriendo, una a una sus ilusiones. Qué humor se les puede pedir a los sin esperanza, sin presente ni futuro. Esos seres que se han olvidado de sonreír, que ya no les quedan lágrimas para llorar. Qué humor se les puede pedir a esos hombres y mujeres cuya mirada lo dicen todo. Pero esos seres están más cerca de Dios de lo que nos imaginamos. Porque muchos serán los llamados y pocos los escogidos (Mateo 22.14).

El buen humor está cimentado en una vida casi siempre sin dificultades apremiantes. Las personas que no han tenido más traspiés que los comunes enfrentan la vida de distinta manera. El solo hecho de tener una familia bien constituida hace que el individuo se sienta más seguro de sí mismo sobre todo si ha crecido en un ambiente mental y espiritualmente armónico.

Nadie está exento de los inconvenientes, barreras y obstáculos con que somos puestos a prueba cotidianamente; sin embargo, hay personas inconformistas que nada les satisface y habiendo llevado una vida apacible y sin sobresaltos son pesimistas por antonomasia haciendo gala de un mal humor constante, fruto de sus frustraciones que llegan a preocupar a sus allegados más inmediatos. Estos individuos abundan por doquier: en el trabajo, en el club, en los templos, en las ferias, en el metro, en la calle, en todos lados. Se levantan en la mañana con el ceño fruncido y comienzan el día como si hubieran desayunado con vinagre. No saludan a nadie y si alguno se atreve a desearles un buen día, contestan con brusquedad: «¡Será un buen día para usted!» Cuando leen en el periódico, escuchan por la radio o ven en la televisión una mala noticia, comentan: «¡Yo sabía que iba a pasar esto!» Cuando van al teatro a ver un espectáculo, casi siempre lo hacen a instancias de su esposa o de un amigo quienes, para darle una sorpresa agradable, compraron los tiquetes sin habérselo consultado. Estos amargados no solo van al teatro de mala gana sino que al sentarse y enfrentarse al comediante lo hacen mirándolo a los ojos con una actitud desafiante, como diciendo: «¡A que no me haces reír!» Un cómico con experiencia sabe con solamente una mirada ante qué clase de público está trabajando. Cuando se topa con estos individuos se da cuenta al instante que han empezado a entablar un duelo que consiste en lo siguiente: Cuanto más se ríe el público, estos personajes negativos miran a su alrededor como diciendo: «Y estos estúpidos, ¿de qué se ríen?» Lo que quieren es desmoralizar al actor. Pero este ya los ha detectado y tiene también su estrategia lista para contraatacar: ignorarlos. Cuando el comediante termina su actuación, el público, juez inexorable, con su aplauso ha declarado quién es el ganador.

En mi larga carrera de actor, me he encontrado ocasionalmente con esta clase de personajes, pero hay uno del que no me olvidaré jamás. Fue un espectador que no solo no se reía sino que, sentado en la primera fila, bostezó, se durmió y cuando pensé que ya no le quedaba más por hacer, ví con estupor que sacó un periódico y se puso a leer. Los codazos de su mujer y las miradas de sorpresa de quienes estaban cerca suyo no lo hicieron cambiar de actitud. No voy a negar que al principio me molestó pero después de todas las que hizo, sobre todo cuando se puso a leer el periódico no resistí la tentación de preguntarle: «Señor, ¿me podría decir quién ganó la cuarta carrera?» La risa del público dictaminó que yo había ganado la pulseada.

Hay personas que son arquitectos de su propio mal humor, como Pinola, un extraño personaje que venía al club siempre con cara de pocos amigos haciendo gala de su mal humor. La razón era sencilla: Pinola era un apostador consuetudinario en las carreras de caballos. Siempre perdía. La verdad es que nunca me enteré que alguna vez haya ganado. Los caballos a los que les apostaba siempre salían en cuarto, quinto o sexto lugar. Un día que el caballo al que le apostó llegó segundo casi se muere de la emoción. Todos los sábados y domingos pasaba lo mismo. Después de un rato de finalizadas las carreras llegaba al club, pedía un café y se paraba frente a la ventana hablando solo. Un domingo en que no llegó, todos notamos su ausencia y empezamos a indagar. Así nos enteramos de la triste noticia: Pinola estaba internado en una clínica médica, en la Unidad de Cuidados Intensivos. ¿Qué había pasado? Ese domingo había ido al hipódromo como de costumbre, encontrándose con un cuidador de caballos muy famoso que le dijo:

Cuidador: Pinola, si querés salir de pobre, en la última carrera jugále todo lo que tengas al caballo Rey de Oro. ¿Escuchaste bien? ¡Empeñáte! ¡Pedí prestado, pero jugále todo a este caballo, que no puede perder!

Pinola (tembloroso y hablando en voz baja): ¿Estás seguro que Rey de Oro va a ganar? Porque me han dicho que ese caballo es un burro.

Cuidador: ¡Si yo te digo que gana, gana!

Pinola, entonces, salió disparado a buscar a cuanto prestamista hallara de esos que abundan en los hipódromos. Antes de media hora había conseguido una cantidad de dinero más que considerable. Sin titubear se fue a la ventanilla, apostó y con los boletos en la mano se fue corriendo a palpitar la largada de la última carrera. Como era su costumbre, se puso de espaldas a la pista, cerró los ojos y se dispuso a esperar hasta el final. Esa tarde no era una tarde como las otras. Pinola se había jugado hasta los zapatos. A la voz de: «¡Largaron!» y entre gritos ensordecedores del público, con los ojos apretados, gritaba: «¡Vamos, Rey de Oro!» La carrera terminó. Ansioso, Pinola preguntó quién había ganado. Le dijeron que aun no se sabía porque tres caballos habían llegado al disco en una misma línea y que los jueces tendrían que ver las fotos electrónicas para determinar quién había llegado primero. Esos minutos de espera fueron terribles. Pinola se había parado frente al tablero marcador. En el primer lugar apareció como ganador de la carrera el nombre del caballo Rey de Oro. Pagó 228 pesos. Pinola, que había jugado 1000 boletos empezó a reír. Daba la impresión que se había vuelto loco. Gritaba. Saltaba. Lloraba y reía al mismo tiempo. Hasta que llegó a la ventanilla para cobrar 228 mil pesos, que para él era una fortuna. Nunca había visto tanto dinero junto. De pronto, su cara se transformó, empalideciendo. Y cayó al suelo como si hubiese sido alcanzado por un rayo. ¿Qué había pasado? En su apresuramiento se había equivocado de ventanilla y le había apostado a otro caballo. ¿Resultado? Un fulminante infarto al miocardio. Después de dos meses abandonó el hospital, recuperado. Volvió al club. Sus amigos lo saludaron efusivamente y lo invitaron a jugar una partida de naipes. Pinola aceptó, preguntando: «¿Quién da?» «¡Da el que saque el rey de oro!» Pinola, nervioso, se levantó y se fue, hablando solo.

Capítulo 18

El buen humor

Sin duda que cuando una persona no se siente acosada por problemas graves y sin solución tiene por qué gozar de buen humor. Aunque haya circunstancias y obstáculos comunes y por los que todo el mundo tiene que pasar, la persona de buen humor ve los problemas desde un punto de vista diferente, más positivo. Esta actitud se llama «Optimismo». Yo sé que más de algún lector se estará preguntando: «¿Cómo puede uno ser optimista y tener buen humor cuando la vida le ha sido dura y los problemas no le han dado tregua?» Encontrar una respuesta no es fácil. Es precisamente por eso que el mundo está como está, con una mayoría de pueblos sumidos en el subdesarrollo. Con gobernantes que una vez en el poder incumplen las promesas que hacen a sus electores durante la campaña. Con corrupción y fraude a todo nivel. Con los intereses insaciables de los grandes monopolios. Con prestadores de dinero a altas tasas de interés, todo lo cual va asfixiando poco a poco las economías de los países del Tercer Mundo. Con fábricas que se cierran todos los días provocando olas masivas de despidos y haciendo que un importante sector de la población vea sus hogares acosados por toda clase de miseria para la cual la solución no aparece por ninguna parte. Qué podemos esperar de los poderosos, como es el caso del californiano multimillonario que acaba de pagar 20 millones de dólares para hacer un viaje espacial y poder ver las estrellas «un poco más cerca». El solo hecho de pensar lo que se podría hacer con 20 millones de dólares para mitigar el hambre en un mundo donde miles de niños mueren diariamente por inanición lo llena a uno de un sentido de impotencia, de bronca y hasta lo hace sentir vergüenza de pertenecer al género humano. Por eso a hombres como este multimillonario que pudiendo ser un benefactor de la humanidad no lo son habría que darles todos los años el Premio Nobel a la Indiferencia.

En medio de todo este caos lo importante es no dejarse atrapar por el más cruel de los enemigos: el desánimo. Este, más el temor, más la falta de esperanza hacen que uno baje la guardia entregándose a la desesperación, llegando al pesimismo total y a la resignación.

Resignación, ¡qué palabra más peligrosa! La actitud de rendirse a una dificultad insalvable hace que el individuo, abatido, caiga en un pozo depresivo que tarde o temprano tendrá resultados imprevisibles. Yo también pasé por esa experiencia. A pesar de ser un triunfador, no era feliz. Para mis más allegados todo parecía ir bien en mi vida. Solo Dios y yo sabemos lo que me esforcé para que mis compañeros de trabajo y mis familiares no se dieran cuenta de la tristeza que me embargaba. No podía dormir. Sentía un gran vacío en mi coraazón y falta de paz interior, esa paz que solo da Dios por intermedio de Jesucristo. Llegué a sentir que la vida no tenía ningún sentido para mí. Mi estado de confusión mental y emocional más el esfuerzo por recuperar la estabilidad emocional me hicieron actuar como si en mi vida fuera todo normal. Eso me mantuvo sumido en una depresión brutal y despiadada. Entonces, cuando estaba en el fondo del pozo acudí a Dios quien, con su infinito amor me tendió su mano generosa y me sacó a la superficie. Esa batalla espiritual que libramos y que muchos pagan con la muerte, y lo que es peor, con la muerte eterna había terminado para mí en victoria. Gracias, Jesús, por transformarme, por devolverme la vida y la alegría… Ah, me olvidaba. Y también gracias por devolverme el buen humor.

Capítulo 19

Dios y el buen humor

He escuchado y visto personalmente cientos de testimonios que contaban lo mismo: tristeza, mal humor, angustia, depresión. Esas batallas espirituales que no se ganan con antidepresivos únicamente. La mejor medicina para estos casos se llama Jesús de Nazaret. Sí, porque Jesús dijo: «Vengan a mí todos los que están trabajados y cargados, que yo los haré descansar». Por eso, confiad plenamente y sin medida en el poder de Dios que todo lo puede, que llega a donde la ciencia no llega, cuya Palabra transforma el lamento en baile, que es la luz del mundo, que dio su sangre por nosotros muriendo en la cruz del Calvario, llevándose nuestros pecados, dolencias y enfermedades, que al tercer día resucitó de entre los muertos (Isaías 53.4-6). Bendito el que confía totalmente en Dios y sus promesas, porque serán todas cumplidas, ya que no son promesas de hombres. Por lo tanto, confiad en Él. Y todo lo que queráis, pedídselo a Dios en el nombre de su Hijo Jesús quien es el único intermediario válido, porque la Palabra dice: «Maldito el hombre que confía en el hombre» (Jeremías 17.5). De esta manera, los hijos de Dios que confían en el Padre cumpliendo sus mandamientos, entregando previamente su corazón a Jesús y confesándolo como su único Salvador personal obtendrán «regocijo», «gozo», «paz» y «prosperidad», llegando a alcanzar la vida eterna.

Bandoneonistas

Dos bandoneonistas argentinos se juntan en una discoteca en Alemania. Interpretan uno, dos, tres, cinco, diez tangos. En una mesa que está a la izquierda hay una pareja que no para de llorar. Cuando terminan, los bandoneonistas se acercan a la mesa y les preguntan:

Bandoneonistas: ¿Ustedes son argentinos?
Pareja: ¡No, somos músicos!

Idishe mame (madre judía)

Suena el teléfono. La señora Rebeca va corriendo a atenderlo.

Rebeca: ¡Hijo querido, Isaac! ¡Estaba pensando en vos! ¡Te hice de comer lo que más te gusta. Hígados con cebollitas y barenike.
Voz por el teléfono: No, señora. Usted está equivocada.
Rebeca: ¿Que sos loco vos? ¡Cómo voy a estar equivocada! También te hice pescado relleno con jrei.
Voz por el teléfono: ¡Escúcheme, señora!
Rebeca: Isaac, ¿por qué me tratas de usted? ¿Te volviste mishíqene?
Voz por el teléfono: ¡Señora, por favor!
Rebeca: También te compré matze que tanto te gusta y farfalej con tripa rellena.
Voz por el teléfono: ¡Perdón, señora!
Rebeca: Isaac, ¿sabes quién va a venir a comer con vos? Berta. ¿Te acordás de Berta, la hija de Rut?
Voz por el teléfono: ¡Señora, basta! Yo no soy su hijo Isaac. Soy Roberto García, el que le arregló la ventana la semana pasada. La llamaba para saber cómo quedó el trabajo.
Rebeca: ¡Ah! ¿Entonces no sos Isaac?
Voz por el teléfono: ¡No, señora! Soy Roberto García.
Rebeca: ¿Entonces hoy no vas a venir a comer?

Bajar el sueldo

Gerente: Señor Rodríguez. Tengo que decirle algo.

Rodríguez: Sí, señor gerente.

Gerente: Lo siento, Rodriguez, pero le vamos a bajar el sueldo

Rodríguez: ¡No se moleste, señor! ¡Yo puedo subir a buscarlo!

Con la abuelita

Niño: ¡Papá! ¡Me quiero casar con la abuelita!

Papá: ¿Cómo?

Niño: Sí, papá. Me quiero casar con la abuelita.

Papá: ¡Sos loco! ¿Cómo te vas a casar con mi mamá?

Niño: ¿Acaso vos no te casaste con la mía?

En el pupitre

Manolo va a matricularse en un curso de contabilidad. Se sienta frente al secretario de registro y este le pregunta:

Secretario: ¿Así que usted quiere estudiar Contabilidad, eh?

Manolo: Así es, señor.

Secretario: ¿Y en qué rama?

Manolo: ¿En qué rama? ¡No, en el pupitre no más!

Colgate

Manolo está en un rincón llorando desconsoladamente. Pepe lo encuentra y le pregunta:

Pepe: ¿Qué pasa, Manolo? ¿Por qué estás llorando?

Manolo: Porque Antonio, mi primo, se ahorcó.

Pepe: ¿Y por qué hizo semejante cosa?

Manolo: Porque su mujer le dijo: «Ve a comprar un tubo de pasta dentífrica marca Mentolatum». Y mi primo le preguntó: «¿Y si no hay de esa marca?» Su mujer le dijo: «¡Entonces, Colgate!»

Mala suerte

Manolo está en un rincón llorando desconsoladamente. Pepe lo encuentra y le pregunta:

Pepe: ¿Qué pasa, Manolo? ¿Por qué estás llorando?

Manolo: Por la mala suerte que tengo.

Pepe: ¿Cómo así, Manolo?

Manolo: Cómo será la mala suerte que tengo que ayer se me ahogaron dos pecesitos de colores que había comprado.

Tangos para la parroquia

Un cura párroco habló con el representante de una orquesta de tangos:

Párroco: Vamos a tener un baile en la parroquia y necesitaremos una orquesta típica. ¿La suya estará disponible?

Representante: ¡Por supuesto, señor párroco! ¡Cuando usted diga, allí estaremos!

Párroco: Bien, pero tenemos una condición.

Representante: Diga usted, señor párroco.

Párroco: ¡Que los dos únicos tangos que podrán tocar en toda la noche son «Misa de Once» y «Carrillón de la Merced».

Capítulo 20

Otra reflexión sobre el humor

Si en este tema los de mi generación no coinciden conmigo es sencillamente porque no están de acuerdo.

El resultado de un análisis del humor u otro tema dependerá del punto de vista de quien lo haga. No hay tema que no esté expuesto al choque de opiniones cruzadas y hasta contrapuestas. No hay asunto en que el cien por cien de los opinantes esté de acuerdo. Quien emite un juicio debe hacerlo con la certeza de saber lo que está diciendo. Pero hete aquí que si el que opina primero lo hace dominando el tema ampliamente, sin duda habrá un segundo que con tal de hacer oír su voz y parecer diferente y original estará listo para entrar en un divague oral que no conduzca a ninguna parte. Aunque esta opinión carezca de conocimiento será un campo fértil para la polémica en la que el necio defenderá a capa y espada su improvisada tesis mientras el sabio callará por prudencia. (Firmado: Gordófocles).

Capítulo 21

Cuando hacer reír suele ser peligroso

Era el año 1967. Yo debutaba en el teatro Maipo de revistas. El elenco estaba compuesto por cómicos, segundos actores, vedettes, segundas vedettes, figuritas, bailarinas, bailarines y un número atracción. Este género tan popular nacido a principio de siglo en muy poco tiempo fue adoptado por los teatros de las grandes metrópolis. En Buenos Aires, en una de las temporadas teatrales llegó a haber más de cinco salas de revistas, todas en el radio céntrico de la capital del Río de la Plata. Los realizadores argentinos eran tan buenos como los europeos; sin embargo, la producción no era fácil porque este género tan controversial, aplaudido, amado y vapuleado requería de mucho talento, sobre todo si se trataba de competir con los espectáculos que se producían en Francia, como el Lido de Paris y el Moulin Rouge. Los teatros de revistas permitían que escenógrafos, directores musicales y coreógrafos unieran sus talentos para hacer las delicias del público con obras de excelente gusto y gran calidad.

Para mí, el primer año de actuación fue de aprendizaje pero muy pronto me di cuenta que este género teatral me divertía más a mí que al público. Mi diversión estaba en los camarines. Desde que llegábamos —y yo siempre acostumbraba llegar a lo menos dos horas antes— hasta que nos íbamos los chismes, los chistes, los cotorreos, las

128

discusiones y peleas que había entre los bailarines, las vedettes y los modistos eran más jugosos que el espectáculo que se daba arriba del escenario.

Una de esas peleas tuvo como protagonistas a una de las vedettes versus el coreógrafo, quien también era el primer bailarín. Todo comenzó con una discusión de las más habituales que había en los teatros de revistas. La vedette se quejó que los bailarines bailaban con desgano. Estos le llevaron el cuento al coreógrafo el que acusó a la vedette mientras esta le echaba la culpa a la coreografía. El coreógrafo la refutó, saliendo en defensa de los bailarines:

> *Coreógrafo*: ¡En todo caso la culpa es tuya, que vas a destiempo con la música!
>
> *Vedette* (contraatacando con furia): Mirá, querido, a mí no me vengás a gritar. Acordáte que aquí la primer figura soy yo!
>
> *Coreógrafo* (gritándole a todo pulmón): ¡Vos serás toda la *vedette* que quieras, pero el que manda aquí soy yo, que para eso soy el coreógrafo!
>
> *Vedette*: Sí, pero la gente me viene a ver a mí, que para eso soy la *vedette*. ¿O te olvidaste que la noche del debut la gente cuando salí a saludar me tiraba flores?
>
> *Coreógrafo*: ¡Para mí que lo que te tiraron eran galletitas, confundiéndote con una mona! *Vedette*: ¡Más mona será tu abuela!
>
> *Coreógrafo* (furioso): ¡No te metás con mi abuela que te doy un trompazo!
>
> *Vedette*: ¿Ah sí? ¡Dále… pegáme si sos hombre!
>
> *Coreógrafo*: ¡No te pego para no ensuciarme las manos!
>
> *Vedette*: ¡Qué vas a pegar vos, vieja ridícula!
>
> *Coreógrafo*: ¿Yo ridícula? Ja, ja, ja. ¡Mirá quién lo dice!

En eso entró al camarín el director del espectáculo.

Director (gritándoles, enojado): ¿Otra vez se están peleando ustedes dos? ¿Hasta cuándo la van a seguir?

Vedette: ¡La culpa la tiene este papas fritas!

Director: ¡Basta! ¡Ya van a levantar el telón y ustedes aun sin cambiarse! ¡Vos (dirigiéndose al coreógrafo), a tu camarín! ¡Y vos, que sos la *vedette*, deberías dar el ejemplo... Después de la función vamos a hablar!

Esa noche la segunda función terminó en paz total. Al otro día, la *vedette* llegó más temprano que de costumbre. Se fue directamente al camarín del coreógrafo y cerró la puerta por dentro. Al rato salió, como si nada, y se fue al suyo. Cuando llegó el coreógrafo y entró en su camarín, casi se desmaya. Su vestuario había sido cortado en tiritas con *gillete* y yacía en un montón, en el suelo. Salió corriendo y se dirigió al camarín de la *vedette*. Gritaba, casi llorando.

Coreógrafo : ¡Desgraciada! ¡Yo te mato! ¡Abrí la puerta!

En ese momento yo tuve que subir al escenario a hacer mi *sketch*. Aunque los camarines estaban en el subsuelo, desde arriba escuchaba los gritos que cada vez eran más estridentes. De pronto, sentí un par de estruendos. Y cuando menos lo imaginé, el escenario, tras los cortinajes, empezó a llenarse de gente. Los bailarines y bailarinas, a medio vestir, los cómicos que huían despavoridos, y hasta el bufetero. Resuenan dos estruendos más. Ya no cabía más gente en el escenario. Y yo, sin entender nada. El traspunte (persona que avisa a cada actor de teatro cuándo ha de salir a escena y le apunta las primeras palabras) empezó a gritarme:

Traspunte: ¡Por favor, Gordo, alargá el *sketch*! ¡Alárgalo! ¡La loca está abajo con un revólver corriendo detrás del coreógrafo!

En ese momento me di cuenta que los estruendos que había venido oyendo no eran otra cosa que balazos y eso me permitió entender por qué había tanta gente arriba del escenario. Más tarde los balazos cesaron cuando llegó la policía y se llevaron presa a la vedette. Fue un milagro que no le haya alcanzado ninguna bala al coreógrafo, que durante largo tiempo estuvo parapetado detrás de un sillón. Al otro día, en la portada de los diarios salieron fotos de la *vedette* y una caricatura en que aparecía vestida de *cow-boy* con un revólver en la mano y un título que decía: «Una nueva vedette: Pepita la pistolera».

Hijo terrible

Un matrimonio lleva a su hijo a un sicólogo pues el niño es extremadamente malo, travieso y mal educado.

> *Médico:* Dime niño, ¿cómo te llamas?
> *Niño* (tirándole un tintero en su bata de un blanco inmaculado): ¿Qué te importa cómo me llamo, viejo tarado?

Acto seguido, el niño saca una honda, rompe todos los vidrios del consultorio, lo escupe en la cara al médico mientras se le abalanza encima para tratar de estrangularlo.

> *Padre:* ¿Vio, doctor? ¿Vio que no exageré? ¡Nuestro hijo es terrible! ¡Ya no lo aguantamos más!
> *Médico:* ¡Déjeme que hable con él a solas en el otro cuarto! Creo que tengo la solución.

El médico y el niño se encierran en el otro cuarto. Se escuchan galletazos, trompadas, insultos y al médico gritando: ¡ayayayay! A los tres minutos sale el médico con la ropa hecha jirones, todo despeinado, con un ojo que empieza a inflamarse y a ponerse negro y sangrando por la nariz.

Médico: Caballero, señora. Tengo la solución. Márchense a vivir a otro país pero por ningún motivo le den la nueva dirección al niño.

Niño velado

Manolo: Pepe, me dijeron que te casaste con una fotógrafa.
Pepe: Así es.
Manolo: ¿Y cuántos hijos tenés?
Pepe: Cinco. Mirá, aquí tengo una fotografía de ellos.
Manolo: ¡Pero, cómo! ¡De los cinco, uno es negro! ¿Qué pasó?
Pepe: Resulta que a mi mujer tuvieron que hacerle cesarea y el corte fue tan grande que entró luz y se me veló el nene.

Preocupado por el tren

Un loro va caminando por la vía del tren sin advertir que uno se aproxima por sus espaldas. Al escuchar el pito, se da vuelta y el tren lo atropella, lanzándolo a cuarenta metros de distancia. Un hombre que pasaba por allí lo levantó, se lo llevó a su casa y lo metió en una jaula. A los cuatro días el loro recupera el conocimiento, se agarra de los barrotes, y dice: «¿Cómo habrá quedado el tren para que me hayan metido en la cárcel?»

Las joyas

Un mafioso tiene a Manolo con la cabeza metida dentro de un tambor lleno de agua. Pasa un minuto, le saca la cabeza fuera del agua y le pregunta con tono amenazador:

Mafioso: ¡Hablá! ¿Dónde están las joyas?
Manolo (respirando con dificultad): ¡No sé!

El mafioso vuelve a hundirle la cabeza en el agua, espera otro minuto, le saca la cabeza y vuelve a preguntarle:

Mafioso: ¿Dónde están las joyas?

Manolo (casi sin poder articular palabra): ¡No lo sé!

El mafioso le hunde de nuevo la cabeza en el agua, así, dos, tres veces más. Le saca la cabeza y le dice:

Mafioso: Por última vez, ¿dónde están las joyas?

Manolo (entre estertores): Mire, señor. Creo que va a tener que buscarse otro buzo porque lo que es yo, no veo las joyas por ninguna parte.

Segunda Parte

Antología de humoristas

Humor americano

Bob Hope

No hubo para los americanos un comediante más festejado, mimado y aplaudido que Bob Hope. Fino, elegante, con una simpatía arrolladora, era difícil de imitar por su gracejo, histrionismo y sutil humor. No pudo ser nunca igualado. Comediante innato, este rey de la risa fue adueñándose de los aplausos en todo el mundo. Pese a sufrir los embates de la Segunda Guerra Mundial, la década de los cuarenta fue muy prolífica para la industria del cine. Tanto productores como guionistas, técnicos y directores se dieron a la dura tarea de ser pilares del entretenimiento en momentos tan difíciles para el pueblo americano. En alguna medida fueron los responsables de mantener el ánimo de la ciudadanía aceptando el reto de producir películas con la misma calidad de las mejores hechas hasta ese momento. El espíritu tenaz y valiente de un pueblo que pese a haber sufrido un ataque devastador como el de Pearl Harbor estaba presente en películas donde el heroísmo y valor del soldado americano estaban plasmados en el celuloide basados en hechos reales que sucedieron en lugares como el Alamein, Tobruk, Sidi El Barrani, Iwo Jima, Dunkerque, Normandía entre otros. Mientras Errol Flynn se lucía en la película *Aventuras en Birmania* y Van Johnson en el film *Treinta segundos sobre Tokio*, Bob Hope tenía la responsabilidad de hacer reír a un pueblo que nunca bajó los brazos. Mientras la figura del Tío Sam llenaba las carteleras con la leyenda: «Lo necesito», Bob Hope arrancaba con sus ocurrencias miles de carcajadas con la película *Pasti-*

llitas de limón, nombre con el que se apodaba el personaje que encarnaba y que timaba con datos falsos a los apostadores empedernidos que abundaban en los hipódromos.

Entre los más grandes éxitos de Bob Hope figuran *El cara pálida, El hijo de cara pálida* sin olvidar *Camino a Bali, Camino a Zanzíbar* y otros títulos inolvidables en los que comparte las marquesinas con Dorothy Lamour y su amigo dilecto, el cantante Bing Crosby.

El humor de Bob Hope se caracterizaba por mechar en los diálogos connotaciones políticas y deportivas de actualidad, abundando en duelos verbales con su compañero Bing Crobsy con quien dirimía el derecho a conquistar el corazón de *La chica del Saaron* que protagonizara Dorothy Lamour en la que aportaba todos sus encantos, que no eran pocos.

Bing Crosby también ponía lo suyo: el canto. «El ruiseñor de Brooklyn» como lo apodaban, vino a ocupar el lugar dejado por el cantante Al Johnson, que se hizo famoso pintando su rostro de negro y cantando temas como «To To Tootsie», «Mamie», «Buscando un trébol de cuatro hojas» y otras canciones que han permanecido en el corazón de todos los que las escucharon emocionados por su estilo. Bing Crosby no le fue en zaga. Enumerar todos sus éxitos sería imposible. Uno de ellos fue «El español que arruinó mi vida» que grabara con Al Johnson. Pero su éxito más rotundo fue la película *El buen pastor* que actuara junto a Barry Fitzgerald y su canción preferida fue el tema «Cuando el azul de la noche se mezcla con el oro del día» («When the blue of the night mix up the gold of the day»). Bob Hope y Bring Crosby no titubearon en ir al frente de batalla para animar con sus actuaciones a las tropas estadounidenses. Miles de soldados se rieron a más no poder con las ocurrencias de Bod Hope. Después de la guerra hizo una película donde se mostraba un Bob Hope distinto, cuya historia y emotivas escenas hicieron lagrimear a más de un espectador. ¿Su título? *Mis siete hijos varones.*

Trabajó con todos los cómicos, con todos los cantantes, actuó ante toda clase de públicos, fue aplaudido y ovacionado en todas partes, recuerdos con los que hoy juega mientras sueña sus apacibles noventa años.

Johnny Carlson

Algún mérito tiene que tener una persona que se mantiene durante más de 30 años al frente de un *show* televisivo como presentador. Y más en este negocio de la televisión americana donde el estadounidense, además de devorar *pop corn, donuts, pancakes* con miel, *hamburgers* y que cuando viene de trabajar sigue devorando. ¿Qué es lo que devora este notable consumidor de proteínas y carbohidratos? (¡sonido de trompetas!) «Señoras y señores (¡más sonidos de trompetas): ¡Y ahora, el plato principal del día: Su majestad, la televisión! ¡Comed, devorad y tragaos lo que sale por ese televisor y si así no lo hiciéreis, que el Tío Sam, la CNN, la CBS, el FBI, la ITT, la DDT y la TNT os lo demanden!

Los Estados Unidos, además de ser la potencia más grande del mundo y sus alrededores son los arquitectos de cómo compaginar la vida de un americano durante 24 horas. Todo está planeado. El trabajo es en serie y el automóvil en cuotas, la casa en cuotas, todo en cuotas menos el televisor que estará encendido el día entero en el dormitorio principal, en el dormitorio de los niños, en la sala y por qué no, también en la cocina. Todo está perfectamente armado. Los días que hay fútbol americano, la transmisión va a una hora que no interfiera con el jockey sobre hielo; el béisbol sale al aire en los momentos en que no interfiera con el básquetbol. Todo esto sutilmente sazonado con programas dedicados al hogar y a la familia, conciertos, películas de acción, cadenas de noticias de último minuto, cadenas de noticias de última hora, programas cómicos, políticos, intelectuales, etc., etc., etc. Se le agrega un poco de publicidad (¡Qué inocente soy! Dije un poco) y se sirve frío o caliente, según sea el gusto del consumidor. Y como postre, los *late shows*. El *show* de David Lettermann, el *show* de Jay Leno, el *show* de Conan O' Brien que tuvieron como maestro a un presentador cuyo nombre y apellido lo dicen todo: JOHNNY CARLSON.

La variedad de este *showman* de la televisión americana era tal que la actualidad y sus protagonistas estaban presentes en todo momento. Músicos, cantantes, actores, actrices, médicos, ingenieros, cocineros, carteros, políticos, diseñadores de modas, artistas de circo, animales, astronautas o un simple vendedor de periódicos más otros personajes del quehacer cotidiano eran los principales invitados noche a noche. Todo estaba presente: la recordación emotiva, el homenaje, el reconocimiento o el hecho inusual que eran analizados por Johnny Carlson con notable inteligencia, con respeto y buen gusto pero por sobre todas las cosas con algo que lo caracterizó durante todos esos años: un gran sentido del humor. No hubo noche en que no tuviera como principal invitado la gracia espontánea de sus ocurrencias, que fue el principal condimento durante toda la permanencia de su *show*. ¡Cuántos americanos al irse a dormir apagaron la luz y siguieron riéndose recordando algún pasaje del *show*! La popularidad de Johnny Carlson era tan grande que bastaba que tuviera una noche en su *show* a algún artista ignorado y desconocido para que pasara a la notoriedad de inmediato. ¡Cuántos invitados estarán agradecidos a este genial conductor. Por eso, en los Estados Unidos le dicen: «¡Muchas gracias, Johnny!»

Los tres chiflados

Hubo tríos famosos como Los tres ases, Los Fernandos, Los tres diamantes, Los Panchos, los Iraquitán, Los Playeros, Los Santos, los TNT y los Nocturnos todos con una personalidad distinta en su manera de cantar y de elegir su repertorio. Pero hubo un trío que no cantaba sino que se limitaba a emitir sonidos como estos: ¡BOING!, ¡TRAC!, ¡SPUSH!, ¡ÑEC ÑEC!, ¡CRIC!, ¡PONG!, ¡BLIM! y ¡SPLASH! Este trío era nada más y nada menos que Los tres chiflados.

Después de más de 50 años de su primera aparición todavía nos hacen reír con sus graciosos *gags*, *sketch* e historietas en los que derrochan alegría doquiera haya un televisor. Estos sonidos como ¡BONG!, ¡ÑEQUE-ÑEQUE!, ¡SPLING! o ¡TECU TECU! eran los que simulaban los golpes que se daban en la cabeza y en otras partes del cuerpo con martillos, palos, tubos y otros implementos, sin olvidar los piquetes de ojos, cachetazos, piñazos, trompazos y algún que otro patadón en el trasero. Esta aparente agresividad estaba rodeada de parlamentos tan cómicos como la onomatopéyica que caracterizaba su trabajo. No se les escapó tema alguno ni hubo escenario que pasaran por alto. Actuaron en fábricas, hospitales, cuarteles, grandes fiestas, estrenos teatrales, precintos policiales y otros lugares apropiados donde se desarrollaban sus cortometrajes. En mi caso particular, la cortina musical de la presentación me predisponía a vivir momentos de sana diversión con estos tres maestros del humor.

Hijos de lituanos avecindados en Nueva York, Moses (Moe), Sam (Shemp) y Jerome Lester (Curly) Horowitz (y en alguna etapa de sus carreras Larry Fine, «Larry»).

Aunque siempre los tres chiflados fueron tres, para conservar ese número fue necesaria la participación de seis.

En los primeros años, su especialidad fueron los cortos humorísticos. Con uno de ellos: «Men in Blac» recibieron una nominación a un Oscar, y aunque no lo obtuvieron, aquella nominación les dio un tremendo impulso, especialmente en el interés de los empresarios. La temática de sus historias era generalmente reflejo de los problemas sociales de la comunidad mundial: Gobiernos en crisis, el desempleo, los abusos de autoridad, guerras y crímenes diversos. En 1939 hacen una gira a Gran Bretaña y a su regreso, ese mismo año montan un espectáculo en Nueva York del cual se harían más de 120 presentaciones.

Con el paso de los años, el éxito les fue siendo esquivo. La época de los cortometrajes había pasado y ellos, pese a todos sus esfuerzos, fueron quedando al margen de los grandes contratos. El primero en morir fue Curly, curiosamente, el menor. Dejó de existir de un ataque al corazón el 18 de junio de 1952. Tenía 48 años de edad. El 23 de noviembre de 1955 falleció Shemp también de un paro cardíaco. Iba con un amigo en un taxi que lo llevaba a casa cuando se desplomó, falleciendo de inmediato. Tenía 60 años. Al día siguiente fue sepultado junto a su hermano Curly. Antes de la desaparición del tercero de los hermanos, Moe, falleció Larry Fine. Su deceso ocurrió el 24 de enero de 1975. A Moe le correspondió el turno el 4 de mayo de 1975. Tenía 78 años de edad y murió de un cáncer pulmonar. Se había puesto punto final a una leyenda que aun hoy día sigue entreteniendo a viejas y nuevas generaciones siempre dispuestas a reír en medio de un mundo que a veces no ofrece muchas oportunidades para hacerlo.

Moscas

Cliente: ¡Mozo!

Mozo: ¿Llamaba la señora?

Cliente: ¡Ayer en mi sopa había dos moscas, y ahora hay una!

Mozo: ¡Disculpe, señora! ¡En seguida le traigo la otra!

Incendio gallego

Al declararse un incendio en el Centro Gallego alguien llamó a los bomberos. Cuando llegaron, Manolo que trabajaba de portero, no los dejó entrar porque no eran socios.

Cerrado

Manolo: ¡Holá!... ¡Holá! ¿Está Alberto?

Pepe: ¡No, está cerrado!

Abbott y Costello

Abbott y Costello fueron uno de los más grandes duetos de comediantes en la historia del negocio de hacer reír. Hicieron famosa la relación hombre sencillo/payaso creando una química que los habría de llevar desde el escenario frívolo a la radio, al cine y finalmente a la televisión. William Alexander Abbott nació el 6 de octubre de 1897 en Asbury Park, Nueva Jersey. Louis Francis Cristillo nació el 6 de marzo de 1906 en Paterson, Nueva Jersey. Formaron la pareja conocida como Abbott y Costello en el año 1936 cuando tenían 39 y 30 años, respectivamente, y ambos una carrera artística ya bastante desarrollada. Aunque siguieron actuando en el ambiente de la comedia frívola, su verdadero salto a la fama habría de ocurrir cuando fueron contratados para actuar en el programa *Kate Smith Radio Hour* representando lo que pronto llegaría a ser su parodia distintiva: *Who's On First* la que los lanzaría al estrellato y, por supuesto, a Hollywood.

En 1939 firmaron como artistas exclusivos de la Universal y a partir de ahí reinaron como los nuevos «reyes de la comedia», produciendo una sólida década de éxitos tales como *Buck Privates, In The Navy, Hold That Ghost, Naughty Nineties, Time Of Their Lives*. En 1948 produjeron su clásico de terror: *Abbott y Costello contra Frankestein*. Hoy día, este film sigue estando entre los favoritos de los admiradores del dueto a la vez que se sigue considerando una obra de arte de la cinematografía humorística.

Durante la Segunda Guerra Mundial el estilo de Bud y Lou ayudaron a levantar la moral pública en los Estados Unidos. Ansiosos de dar de su tiempo a los esfuerzos de la guerra, iniciaron una gira por todo el país para ayudar a levantar fondos. Dondequiera que se presentaban se vendían todas las entradas. En las escalinatas del edificio de la alcaldía de la ciudad de Nueva York fueron honrados por el alcalde Furiello LaGuardia por conseguir 89 millones de dólares en solo tres días.

En 1950 Abbot y Costello entraron al mundo de la televisión. Hoy día se les puede contar entre los pioneros de la comedia en este medio junto con Phil Silvers, Milton Berle, Jack Benny, y Lucille Ball y Dessie Arnaz. El *Show de Abbott y Costello* debutó en 1952 en la CBS y duró dos temporadas. Actualmente, el show ha experimentado un repunte. El 7 de enero de 1951 debutaron en la NBC como presentadores invitados del programa *The Colgate Comedy Hour*.

En 1956, un año antes que saliera a la luz pública su última película juntos, *Dance With Me, Henry* y su separación oficial y amigable, Bud y Lou se presentaron ante una nación de millones en todo el país, en el programa *The Steve Allen Show*. La emoción fue mayúscula cuando para sorpresa de ambos, Steve Allen anunció la instalación de Abbott y Costello y su disco de oro de *Who's On First* en el mundialmente famoso Salón de la Fama del Béisbol en Copperstown, Nueva York. Muchos no saben que Abbott y Costello son las primeras celebridades no beisbolistas de haber sido jamás exaltados al Salón de la Fama.

Lou Costello murió en 1959 y Bud Abbott en 1974. Hoy día, sus comedias siguen generando nuevas legiones de fanáticos alrededor del mundo. Su estilo limpio y pulcro de comedia, nacido en los estrados del burlesque hace 50 años, continúa encontrando un medio dispuesto en el mercado.

Laurel y Hardy

Este binomio fue sin duda alguna el dúo más popular de los comienzos del cine sonoro. Mientras Stan Laurel era el príncipe de las torpezas, Oliver Hardy se proclamaba el rey del mal humor.

Las películas de estos dos colosos de la risa contaban con tres ingredientes infaltables: los líos que provocaba el flaco, los desaguisados de que era blanco el gordo y la parte técnica, ingeniosamente elaborada. Cada guión estaba lleno de *gangs* que el autor y los técnicos llenaban de graciosas situaciones donde abundaban los accidentes que sufría el gordo ante los conocidos lloriqueos de Stan Laurel. De cocineros pasaban a pintores, de la Legión Extranjera a la ópera, de la biblioteca a un castillo encantado y así sucesivamente provocando carcajadas en grandes y chicos. En 1976, en el teatro Maipo de la ciudad de Buenos Aires, tuve la gran satisfacción de personificar a Oliver Hardy. Con el actor Manlio Salce, cuyo parecido a Stan Laurel era casi perfecto hicimos un paso de comedia musical muy festejado por el público.

En la vida real, las personalidades de Laurel y Hardy eran muy distintas a las mostradas en las pantallas. Hardy era feliz y bonachón, más preocupado por las carreras de caballos que por sus películas; en cambio Stan Laurel era el cerebro de su filmografía. Con un carácter dominante y una mente organizadora, era un creador indiscutible y genio de la pantalla cómica. Su influencia fue determinante para las posteriores carreras de Jerry Lewis y Dick Van Dyke.

Stan Laurel, cuyo nombre real era Arthur Stanley Jefferson nació en Ulverston, Lancashire, Inglaterra. Debutó como actor a los dieciséis años. Más tarde habría de conocer a Charles Chaplin en la compañía de Fred Karno, donde habría de sustituirlo en más de una ocasión. Radicado en los Estados Unidos, habrían de pasar aun algunos años para que en 1926, en las postrimerías del cine mudo, formara con Oliver Hardy la que se ha dado en llamar «la más perfecta pareja artística basada en una comicidad imaginativa de la historia del cine».

Oliver Norvelle Hardy nació en Harlem, Georgia, el 18 de enero de 1892. Traía consigo al nacer una voz agradable y melodiosa que le ayudaría a que las puertas del mundo del espectáculo se le abrieran sin grandes dificultades. Empezó a actuar a los ocho años de edad. Su ascenso en la escala del éxito no fue fácil, principalmente porque por ese entonces, Charles Chaplin opacaba a cuanto actor cómico quisiera enfrentársele.

Hal Roach, de la Compañía que llevaba su nombre, después de numerosos intentos de Hardy por estabilizarse como actor de éxito, tuvo la feliz idea de crear la pareja cómica por excelencia uniendo al voluminoso Hardy con el escuálido Stan Laurel.

El triunfo del binomio Laurel y Hardy fue arrollador, llegando a convertirse en campeones de la taquilla americana.

Postrado en una silla de ruedas, Stan Laurel murió en su casa de Santa Mónica, California, el 23 de febrero de 1965, cuando contaba 75 años. Olivier Norvelle Hardy falleció el 7 de agosto de 1957, en un hospital de Burbank, California. Tenía 65 años de edad.

Los hermanos Marx

Los vi por primera vez en el cine Presidente Avellaneda sito en la Avenida Mitre de la ciudad del mismo nombre. No sabía quiénes eran, pero al ver las fotografías de varios pasajes de la película *Una noche en la ópera*, mis amigos y yo no dudamos ni un instante en entrar. Pagamos el valor de la entrada, que en esos tiempos era de 50 centavos y disfrutamos como nunca de una película hilarante. ¡Nunca invertimos tan bien el dinero! Si a la salida nos hubieran cobrado 50 centavos más, los hubiéramos pagado con gusto. Nos reímos tanto, gozamos tanto con las locuras de Chico, de Harpo el mudo y de Groucho con sus pobladas cejas y su bigote siempre al acecho de una mujer bonita, que volvimos otra vez. Estos cómicos eran totalmente nuevos para nosotros. Los tres tenían una personalidad totalmente distinta. Sus vestimentas, la manera de caminar, de mirar, de encarar las situaciones y en especial la libertad con que se movían, más los libretos totalmente disparatados nos llenaron de asombro pues nunca habíamos visto algo parecido.

Aunque disfrutaron de largas y variadas carreras en la farándula, son mejor recordados por sus películas de comedias anárquicas de la década del 30. Sus animadas interpretaciones físicas y verbales, cultivadas en el *vaudeville* y etapas de Broadway, han demostrado una influencia enorme en generaciones posteriores de cómicos. Un afecto folklórico por su memoria, la idiosincrasia personal, especialmente la de Groucho, ha penetrado en la cultura popular de los Estados Unidos gracias a la revitalización frecuente de sus películas y a una nunca terminada corriente de imitadores.

El original quinteto de los hermanos Marx: Leonard (Chico), Adolph (Harpo), Julius (Groucho), Milton (Gummo) y Herbert (Zeppo) siguió la tradición familiar mediante su introducción en la farándula a una edad temprana. Especializándose en comedia musical, los hermanos primero ganaron la atención nacional con la revista de humor *I'll Say She Is* (1923-25). Aunque Harpo hizo en 1925 una temprana aparición en la película *Demasiados besos (Too Many Kisses)* el grupo enfatizó su trabajo en el teatro por espacio de una década. Su mayor éxito, *Los cuatro cocos (The Coconuts)* (1925-28) permitió a los Marx dar un primer paso hacia Broadway. Por esta fecha, uno de los miembros del grupo, Gummo había dejado de actuar. A partir de 1928 disfrutarían de un extraordinario éxito en Broadway. Firmaron contrato con la Paramount para hacer cinco películas. Por ese entonces, la Paramount andaba a la búsqueda de talentos para sus nuevas producciones de películas sonoras. Filmaron *Los cuatro cocos* y *El conflicto de los Marx Animal Crackers*. Esto permitió que el público los conociera mejor llegando a identificarlos por sus propias características personales además de las del grupo: Groucho, siempre el líder, lucía un mostacho pintado de gris, llevaba un cigarro y era considerado un trepador social sin tacto que cantaba y lanzaba juegos de palabras, insultos y absurdos sin parar a cada interlocutor; el pianista Chico, calaba un sombrero puntiagudo con desiguales ropas y hablaba con un exagerado acento itraliano; Harpo, con peluca roja y gabardina llena de remiendos, fue el payaso aniñado que nunca habló en ninguna película pero que encantaba con sus solos de arpa; y Zeppo, el triste personaje de un hombre sincero que solo a veces tenía éxito en el amor.

Con la Paramount filmaron *Naderías/Pistoleros de agua dulce* (1931), *Plumas de caballo* (1932) y *Sopa de ganso* (1933). En *Naderías/Pistoleros de agua dulce* dan vida a la historia de cuatro polizones anónimos que realizan estragos en una línea marítima de lujo y que intentan desembarcar realizando cuatro impresiones de Maurice Chevalier. En *Plumas de caballo*, la película desarrolla la idea de una escuela donde el profesor Wagstaff, a cargo de Groucho, entona su himno antiorden «Sea lo que sea, me opongo». Y en cuanto a *Sopa de ganso*, considerada la pieza maestra del grupo, es una sátira sobre las políticas de guerra, actuando Groucho como el inadecuado presidente de Freedonia quien, con la ayuda de sus hermanos dirige el país con el slogan musical *Just Wait 'Til I Get Through With It*.

De la Paramount pasaron a la MGM donde destacan los films *Una noche en la ópera* y *Un día en las carreras* que les revivieron su popularidad un tanto disminuida a finales de su relación con la Paramount. En 1950, hacen otras películas tales como *Hotel de los líos* (RKO), *Una tarde en el circo*, *Los hermanos Marx en el oeste* y *Tienda de locos* (MGM, 1939, 1940 y 1941 respectivamente), además de *Una noche en Casablanca* (1946) y *Amor en conserva* (1949). En los años 50 inician una etapa trabajando separadamente en radio, televisión y cine. Groucho, que con su largamente emitido programa humorístico de radio/televisión *Apueste usted su vida* (1947/61) ya se había ganado un prestigio en el público, alcanzó los más altos niveles de popularidad. Después de la muerte de Chico y Harpo, Groucho recibió en 1974 un Oscar honorario para los Hermanos Marx. Tres años después él también fallecía.

Citas de Groucho Marx:

- «Estos son mis principios; si no les gustan, tengo otros».
- «Yo encuentro la televisión bastante educativa. Cuando alguien la enciende en casa, me marcho a otra habitación y leo un buen libro».
- «Parad el mundo que me bajo».
- «No estoy seguro de cómo me convertí en comediante o actor cómico. Tal vez no lo sea. En cualquier caso, me he ganado la vida muy bien durante una serie de años haciéndome pasar por uno de ellos».
Todo lo que soy se lo debo a mi bisabuelo, el viejo Cyrus Tecumseh Flywheel. Si aún viviera, el mundo entero hablaría de él. ¿Que por qué? Porque si estuviera vivo tendría 140 años».
- «Inteligencia militar son dos términos que se contradicen».
- «Cuando muera quiero que me incineren y que el diez por ciento de mis cenizas sean vertidas sobre mi empresario».
- «La justicia militar es a la justicia lo que la música militar es a la música».
- «Fuera del perro, un libro es probablemente el mejor amigo del hombre. Y dentro del perro probablemente esté demasiado oscuro para leer».
- «Nunca olvido una cara, pero con usted voy a hacer una excepción».

Carol Burnett

Para los que dicen, o simplemente piensan que la mujer es el sexo débil, que es inferior al hombre, que solo sirve para ser ama de casa y criar hijos, que no nació para dirigir sino para ser dirigida o que solo es un buen complemento del hombre están errados, pero no están errados de errar, sino que están herrados de herradura porque solamente un caballo puede pensar así.

Cuando Dios creó al hombre y después, con tan solo una costilla creó a la mujer, sabía muy bien lo que estaba haciendo. Esta costilla pasó a ser, después de Dios, lo más importante para el hombre. Si no, revisemos un poco la historia:

Débora, la jueza del Israel del Antiguo Testamento, María virgen, la madre de Jesús, Juana de Arco, Madame Curie, La Pavlova, Coco Chanel, Nina Ricci, Golda Meier, Marian Anderson, Gabriela Mistral, Juana de Ibarbourou, Alfonsina Storni, Violeta Parra, Eva Perón, Indira Ghandi, la Dra. Asland, la madre Teresa de Calcuta son solo algunas. Incluirlas a todas haría de esta lista algo interminable amén de las heroínas anónimas que dieron la vida por sus ideales o que trabajan en silencio esperando que les den el lugar que se merecen.

Esta costilla ha sido y es parte vital y decisiva de la humanidad. Esa frase que suena a compensación: «Detrás de todo gran hombre hay una gran mujer» debería ser: «Detrás de toda gran mujer, hay un gran hombre». Como no creo en el machismo, tampoco creo en el feminismo. Creo solamente en la persona.

La costilla de Adán, aparte de ser la matriz donde se ha forjado la humanidad, ha descollado en el campo de la ciencia, las artes, la industria y el comercio, transformándose en la parte más vital del progreso del hombre.

En 1979, precisamente en el mes de noviembre, hacía mi primer viaje a los Estados Unidos. Al bajar del avión tomé un taxi que me llevó al hotel. Dejé la maleta y me fui a dar una vuelta por la ciudad de Los Ángeles. Este primer viaje era para mí el cumplimiento de un sueño largamente esperado. Estuve dando vueltas por más de dos horas.

Al volver al hotel y ya en mi cuarto, encendí el televisor. Mi acompañante y empresario, Pepe Parada yacía desmayado en la cama. El cansancio del viaje lo había tumbado. Sus ronquidos se escuchaban seguramente a varias cuadras a la redonda. A los pocos minutos yo mismo me quedé dormido con el televisor encendido. Una música estridente me despertó. Era la presentación del *show* de Carol Burnett. Se trataba de una comediante totalmente desconocida para mí. Manejaba las expresiones de su rostro como quería. En cada situación o final de *sketch* terminaba con un gesto tan gracioso que la hacía encantadoramente eficaz.

No era una mujer bella. Tampoco fea. Pero tenía ese no-sé-qué que la distinguía de las otras comediantes que conocía. Su voz era excelente. Su dicción era tan perfecta que yo le entendía casi todo pese a mi pobre inglés. Se lucía ampliamente tanto en los monólogos como en los pasos de comedia. Era delgada y fina y tenía una sonrisa que la hacían una mujer atrayente desde todo punto de vista. Lo más interesante del espectáculo era ver cómo sus compañeros de actuación ocultaban con dificultad las ganas de reír, cosa que era bien aprovechada por la comediante. Tenía la chispa de Betty Hutton y la gracia de Lucille Ball.

Esta costilla tenía la particularidad de ser mujer... ¡y qué mujer!

Carol Burnett nació en San Antonio, Texas, el 26 de abril de 1933. Cuando en 1967 el *Carol Burnett Show* se presentó ante el público estadounidense, la Burnett se transformó en un objeto de admiración. Aunque a partir del *show* en el año 1979 sus apariciones fueron escasas, siguió demostrando su excelencia de comediante dondequiera que aparecía. Su Grammy ganado en 1977 por la representación de la madre de Jaime Buckman revela que siguió impresionando a las audiencias de todas las edades.

Para muchos, Carol Burnett es la mujer número uno en el campo de la comicidad en los Estados Unidos. Mientras Lucille Ball nos enamoró a todos con su estilo, la Burnett nos dejó boquiabiertos con su humor satírico, a veces sutil, mezcla de físico e intelectual (muy evidente en su parodia *Eunice*). La escena donde usa una cortina completa, incluyendo la barra de madera en un *sketch* de *Lo que el viento se llevó* es uno de los momentos más grandiosos de la comedia estadounidense.

Sin duda alguna, el más exitoso *show* de variedad de todos los tiempos en los Estados Unidos fue el *Carol Burnett Show* (CBS 1967-1978).

William Hanna
Tom y Jerry

En la historia ha habido cientos de binomios famosos: Romeo y Julieta, Dafne y Cloe, Tristán e Isolda, Don Quijote y Sancho Panza, Hitler y Mussolini, Perón y Evita, Batman y Robin, Sodoma y Gomorra, Tarzán y Chita, Marco Antonio y Cleopatra, Jamón y queso, vino y soda, Chopin y George Sand, Samsón y Dalila pero William Hanna y Joseph Barbera, famosos por los dibujos animados que hicieron reír a varias generaciones, crearon al binomio más simpático e insuperable de la historia: ¡TOM Y JERRY!

Desde que el mundo es mundo, el gato siempre ha querido comerse al ratón. Para lograr ponerlo en su menú cotidiano, ha ideado cientos de estrategias y montado miles de trampas.

¿Alguna vez se preguntó usted qué sueña un gato cuando duerme, y en qué piensa cuando el insomnio no lo deja dormir? Este portador de siete vidas sueña con ratones. Cuando tiene insomnio y no puede dormir, piensa en ratones. Vive por y para los ratones; en síntesis, yo creo que si los ratones no hubieran existido los gatos no habrían encontrado motivo para seguir viviendo.

¿Quién fue creado primero, Tom o Jerry? Tom, o Tomás para los hispanos, o Tommy para sus gatos más allegados fue creado primero. Rápido, inteligente, sagaz, astuto, incansable, persistente y porfiado, fue puesto por su creador como la mascota preferida de una familia americana. La empleada doméstica de la casa le daba de comer a su hora mimándolo en todo momento. ¿Cuáles eran las obligaciones de

Tom? Comer y dormir plácidamente. De vez en cuando lanzaba al aire un ¡miau! pero más por obligación que por convicción. William Hanna y Joseph Barbera se dieron cuenta de lo monótono y aburrido de la vida del pobre Tom, entonces, ¿qué hicieron? Crearon a Jerry, un ratón pequeño y simpático, romántico y seductor. ¿Cuáles eran sus obligaciones? Andarse con cuidado.

Cuando Tom vio por primera vez a Jerry, se arrodilló y uniendo las manos en el pecho, clamó al cielo: «¡Gracias, Señor, por haber escuchado mis ruegos!» De pronto, se acabó la tranquilidad, el sosiego, el silencio y la parsimonia que reinaban en esa casa. El gato tenía ahora una razón para vivir, pero eso sí, sin dormir como antes sino pensando cómo atrapar a Jerry. Llegó a comprar todos los manuales para cazar ratones. Lo corrió con matamoscas, con martillo y pala, con un bate de béisbol y otros artefactos para darle en la cabeza a Jerry que vivía corriendo delante de Tom, frenando y esquivando sus oscuras intenciones.

Estos dos personajes tienen características muy parecidas a los seres humanos. El poderoso se aprovecha del débil, el gigante del pequeño, el inescrupuloso del ingenuo, el astuto del inocente, pero Jerry no se dejaba amedrentar nunca. De un ratón temeroso que era, pasó a ser fuerte y valiente. Eso sí, siempre corriendo delante del gato.

Cuando Jerry estaba en aprietos, cosa que sucedía a menudo aparecían diversos personajes que lo libraban de terminar en las garras del gato. Uno era un ratón más pequeño, guapo y forzudo miembro de la mafia de los ratones y conocido en el hampa ratonil como «el primo de Jerry». Otro era el perro bulldog del vecino, quien, compadeciéndose del pobre ratón terminaba con las aspiraciones del gato con un piñazo o solamente con su presencia temible de perro guardián. Eso sí, cuando Tom o Jerry estaban en peligro inminente, uno lo ayudaba al otro, porque en el fondo Tom no podía vivir sin Jerry ni Jerry sin Tom. A pesar de todo se necesitaban porque Tom era un gato masoquista. Gozaba cuando Jerry se burlaba de él. Jerry para Tom era su motivo de vivir, su entretenimiento, su metro de medir fuerzas, su

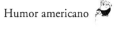

banco de prueba, su trofeo, lo peor de todo... ¡su droga! Por más que lo quería ocultar, el veterinario lo declaró ratómano incurable.

La imaginación y talento de William Hanna llevaron sonrisas a niños de todo el planeta. Fue pionero de la animación y colaborador en la creación de Tom y Jerry, del Oso Yoghi y de Los Picapiedras, entre otros.

Hanna y su socio, Joseph Barbera, fundaron en 1957 Producciones Hanna-Barbera con la que produjeron más de trescientas películas de dibujos animados.

Ambos comenzaron a trabajar juntos en los estudios Metro Goldwyn-Mayer donde crearon a Tom y Jerry. La pareja ganó siete premios de la Academia por cortometrajes del gato y el ratón. En 1958 ganaron el primer premio Emmy entregado a un dibujo animado.

Señor Hanna: Permítame ser el portavoz de millones de niños y adultos que se divirtieron sanamente gracias a la creación de Tom y Jerry quienes, a pesar de sus diferencias y disputas cotidianas nunca pudieron ocultar el entrañable afecto que sentían el uno por el otro. Gracias, señor Hanna, muchas gracias. Firmado, Jorge Porcel.

Walt Disney

En uno de mis tantos viajes a Los Ángeles, quedé de acuerdo para almorzar con el presidente de Disney Poductions, mi amigo Iván Genit. Tomé un taxi que me llevó a los estudios en Burbanks. Iba a anunciarme en la entrada cuando veo que Edna Fourwood, secretaria ejecutiva de Iván Genit me estaba esperando en la puerta. Apenas me vio vino a mi encuentro. Esta distinguida dama, de nacionalidad estadounidense, hablaba muy bien español pues durante un tiempo había vivido en Argentina, más exactamente en el barrio de Palermo, en la ciudad de Buenos Aires. Hacía un año que no nos veíamos. Se emocionó al verme, pues me tenía un gran afecto, pero más se emocionó cuando le di noticias de su hermana que vivía en Buenos Aires. Edna tenía alrededor de sesenta años, alta, rubia, de finos modales, había dedicado gran parte de su vida a la empresa Disney. Al llegar a la oficina de mi amigo

Iván Genit, nos estrechamos en un gran abrazo. Iván Genit era un hombre robusto, de casi dos metros de altura, totalmente calvo, muy simpático y amigo de contar chistes y cuentos. Fuimos a un retorán de la Plaza Olvera, reducto de los mexicanos, donde hay un restorán al lado del otro. Apenas nos sentamos, me disparó el primer cuento. Resulta que en Estados Unidos, cerca de la frontera con México hay una localidad que se llama Indio. Un día se detiene en una gasolinera un automóvil. Baja el cantante Pedro Vargas, se aproxima a un grupo de mexicanos y les dice: «¡Buenos días, muchachos...! ¿Me pueden decir cuánto me falta para llegar a Indio?» Uno de ellos, sin demora, le contesta: «¡Las plumas no más, pues don Pedro, las plumas no más!»

Después del almuerzo volvimos a la oficina. Iván me dijo: «¿Te acuerdas que la última vez que viniste te mostré todos los estudios donde se hacen nuestras películas...? Sígueme, que te voy a mostrar un lugar que ni te imaginas». Después de caminar por un largo pasillo llegamos ante unas puertas que estaban cerradas con doble llave. Las abrió, entramos, y veo un escritorio antiguo, de roble, con una mesa de dibujo al lado, papeles, dibujos, lápices de colores, más papeles, más lápices. Me invitó a sentarme en el escritorio y me dijo: «¿Sabes dónde estás sentado...? En la mesa de trabajo donde dibujaba Walt Disney». La emoción fue muy grande. Por varios minutos estuve sentado en el mismo lugar que durante años ocupara uno de los genios más grandes que nos alegró y maravilló con su talento, Walt Disney.

Walter Elias Disney, dibujante, productor y director de dibujos animados nació en Chicago, el 5 de diciembre de 1901. En 1923 comenzó a producir dibujos animados en Hollywood, asociado con su hermano Roy. De 1926 a 1928 hizo una serie de dibujos, producidos por su propia compañía, dentro de los cuales nació el ratón Mickey. Era el inicio del cine sonoro en los dibujos animados. En 1934 creó el pato Donald y pasó al largometraje con *Blancanieves y los siete enanitos* (1937), la primera película de dibujos animados de la historia. Le siguieron luego *Pinocho* (1940), *Fantasía* (1941) y *Bambi* (1942). En las décadas de 1950 y 1960 Walt Disney Productions se convirtió en una de las mayores productoras cinematográficas. La compañía empezó a publicar literatura infantil y *comics*, la mayoría protagonizados por su personaje el pato Donald y el perro Pluto. En 1955, Walt Disney Productions inauguró un parque gigantesco, Disneylandia, en Anaheim, California. En 1971, en la misma línea, abrió sus puertas Disneyworld, cerca de Orlando, Florida y más recientemente, Eurodisney, en las proximidades de Paris.

Las películas de dibujos animados más destacadas de este periodo fueron *Peter Pan* (1953), *Merlín el encantador* (1963), *Aladdin* (1992), *El rey león* (1994), *Pocahontas* (1995) y *Toy Story* (1996). También han producido para la televisión las series *David Crockett, El club Mickey* y *El maravilloso mundo de Walt Disney*.

A lo largo de su carrera, Walt Disney ha recibido 26 oscares.

Tres características han determinado la existencia de Walt Disney Productions: la tenacidad, la búsqueda de la excelencia y la preocupación por el bienestar de los demás. Su triunfo personal y el de su obra, que perdurará durante decenios, se debe a estos elementos. A lo largo de sus 65 años, Walt Disney luchó en forma incansable para lograr hacer sus sueños realidad. Tuvo la dicha de ver realizados la mayoría de ellos, y consiguió que su equipo siguiera soñando y trabajando en la misma línea tras su desaparición en 1966.

Dick Van Dyke

Nació el 13 de diciembre de 1925 en West Plains, Missouri. Su verdadero nombre era Richard Wayne Van Dyke.

Aunque al principio tuvo pequeños papeles, fue lanzado al estrellato en el musical de 1960 *Bye-Bye Birdie* por el cual se ganó un premio Tony. Posteriormente se hizo una película basada en la misma historia. A través de los años, ha hecho el papel estelar en numerosas películas, incluyendo *Mary Poppins, Chitty Chitty Bang Bang* y *Fitzwilly* así como una cantidad de series televisivas, con las cuales se ha ganado nada menos que cuatro premios Emmy y tres películas para la CBS. Después de separarse de su esposa Margie Willett en los años de

1970 con la que se había casado en 1948, se involucró con Michelle Triola Marvin. Margie y Dick tuvieron cuatro hijos nacidos durante los primeros diez años de su matrimonio.

No cabe duda que Dick Van Dyke fue, durante toda su vida, un prolijo observador del estilo de Stan Laurel a quien admiró profundamente. La manera de caminar, de pararse, de girar, de correr, de pensar y de sonreír más otros graciosos atributos de Stan Laurel Dick Van Dyke los fue incorporando a su personalidad. Era un maestro en lo que a caídas torpes se refiere. Su fama de actor dúctil y multifacético se vio plasmada en lo que fue a mi entender lo mejor de su carrera: el *Show de Dick Van Dyke*.

En este *show* contaba con dos sets; el primero, la sala de su casa; y el segundo, la empresa donde trabajaba. Los personajes que componían el resto del elenco eran su esposa, comprensible y caprichosa a veces; sus vecinos, su jefe en la empresa y sus compañeros de trabajo. Seguramente el que hizo el *casting* tenía mucha experiencia en el oficio de encontrar a los artistas que mejor encarnaran los personajes creados por el autor. Durante varios años fueron los dueños de una media hora que todos los días aparecía en los televisores de todos los hogares. Cuando dejaron de grabar este programa, el público telespectador no se acostumbró tan fácilmente a la ausencia de estos grandes de la risa. En algunos países, la repetición de todas las cintas tuvo la misma o quizá más repercusión que las primeras emisiones, desdibujando aquella frase del autor del Quijote: «Nunca segundas partes fueron buenas».

En la actualidad se lo ve actuar en papeles más serios y hasta dramáticos con la misma elegancia, el mismo porte, con muchas más canas pero con el mismo ángel que lo caracterizó siempre.

Danny Kaye

Conocido como actor, cantante y comediante, Danny Kaye, cuyo verdadero nombre fue David Daniel Kaminsky o Kominski nació el 18 de enero de 1913 en Brooklyn, Nueva York. Comenzó su larga carrera haciendo el papel de ayudante de camarero en el *Borscht*

Belt del balneario de Catskills. Su debut en el cine lo hizo en 1937 con el cortometraje de dos carretes *Dime a Dance* y actuó en cabarets y *vaudeville* en los Estados Unidos y otros países. En 1943 firmó contrato con Samuel Goldwyn haciendo a partir de entonces varias películas así como apariciones en escenarios de Nueva York; mientras tanto, en 1945 los radio oyentes empezaron a deleitarse con su *Danny Kaye Show* y, desde 1963 a 1967 lo hicieron los televidentes.

La mayoría de sus personajes se apoyaban histriónicamente en gestos y tics nerviosos. Debido a una incipiente alergia, todos sus personajes siempre estaban amenazando con estornudar pero no lo hacían nunca. Gracioso para caminar, para bailar, cantaba en trabalenguas de gran originalidad escritas especialmente para él.

Casi siempre, sus personajes favoritos tenían connotaciones ruso-asiáticas, etnias a las que Danny Kaye interpretaba con gran talento. Su éxito más grande lo alcanzó actuando en la película *Un hombre fenómeno*. Allí despliega todo su talento de fino comediante.

Los muchos premios conseguidos por Kaye incluyen dos globos de oro, un Tony, un Emmy y dos Oscar. Después de retirarse, durante los últimos años de su vida trabajó incansablemente para la UNESCO teniendo como única paga el aplauso y las sonrisas de los niños carenciados de distintas partes del mundo.

Estuvo casado por cuarenta y siete años con la compositora y cantante lírica Sylvia Fine. Murió el 3 de marzo de 1987.

Danny Kaye fue, sin duda, un hombre fenómeno.

Lucille Ball

Estoy seguro que la cigüeña que trajo a esta explosiva pelirroja de ojos azules y labios pintados a la apurada se lo pasó riendo durante todo el viaje.

Esta graciosa comediante americana tuvo desde sus comienzos la particularidad de hacer reír solo con su presencia. Bastaba con una mirada o un gesto para que las personas que la rodeaban se sintieran atraídas por su fascinante personalidad y magnetismo.

Entre los diversos papeles que personificó, el que más acaparó la atención de los espectadores fue el que junto con Dessie Arnaz protagonizó en la serie *Yo quiero a Lucy*. Este famoso matrimonio entre una americana y un cubano funcionó durante más de cuarenta años, récord mundial en la televisión.

Lucille Ball y Dessie Arnaz, casados en la vida real y en la ficción formaban junto a sus vecinos un cuarteto donde se tejían las historias más inverosímiles de la vida cotidiana americana. Los desaguisados provocados por la celosa, absorbente y metiche Lucy con el afán de solucionar cualquiera situación sin medir las consecuencias daban pie a los más graciosos enredos en que se veían envueltos su marido y sus vecinos. Esta receta no era nueva para nada en la televisión americana, pero fue la más famosa, la más cómica y la que redituó más dividendos a la productora que también pertenecía a Lucille Ball. El cubanísimo Dessie Arnaz le daba un toque latino muy especial a la comedia. La pareja formada por Fred y su esposa también se lucían en su papel de eternos cómplices de las locuras de una mujer disparatada. Lucille tocó todos los temas y no dejó personaje sin personificar. Desde pandillero a payaso, desde vedette a enfermera, desde sicóloga hasta piel roja, Lucille Ball acaparó la atención de personas que todavía siguen viendo su *show*.

En la actualidad, a pesar de haberse grabado hace más de treinta años, las historias plasmadas durante la media hora que dura el programa no han perdido su frescura, gracia y espontaneidad. Los libretos estaban escritos con un esmero exagerado para que las situaciones, lo mismo que sus historias, no se repitieran. Uno de los éxitos de este *show* fue la música de presentación de los títulos, cuya melodía pegadiza predisponía al espectador desde sus comienzos hasta el final.

Fueron imitados, pero nunca igualados.

Jerry Lewis y Dean Martin

Ese aspecto de niño caprichoso, infantil, con ganas de no crecer, aparentemente inocente de todo lo que lo rodeaba lo hacía más encantador. Sus gestos que acompañaban todas sus acciones eran tan

efectivos que podía pasar de un personaje a otro con la facilidad asombrosa de los talentosos y grandes comediantes modernos.

Cuando terminaba el ciclo de los Hermanos Marx, de los Tres chiflados, de Laurel y Hardy y del mismísimo Chaplin, apareció Jerry Lewis como una tromba llegando rápidamente a ocupar un lugar de privilegio que solo está reservado para los grandes de verdad.

Cuando cantaba, lo hacía desafinadamente gracioso pero cuando tuvo que cantar en serio, afinó correctamente. Como bailarín, sin llegar a ser como Fred Astaire o Gene Kelly, alcanzó a tener una técnica depurada como la de Donald O'Connor cuyo estilo se parecía mucho al del travieso Jerry Lewis. Porque eso era Jerry Lewis, un niño travieso vestido de adulto.

Jerry Lewis nació en Newark, Nueva Jersey en el año 1926. Trabajó en el *music-hall*, la televisión y luego en el cine formando una pareja cómica con Dean Martin, de quien se separó en 1957. Como actor hizo que algunas de sus películas entraran en la categoría de inolvidables, como *Qué suerte tiene el marino*, *El circo de tres pistas* y *Qué clase de niño*. Más tarde se transformó, además de actor, en director, dirigiendo sus propias películas, tales como *Tú, Kim y yo* (1958) y *El profesor chiflado* (1963).

Con Dean Martin fueron poco a poco adueñándose del gusto de los americanos llegando a batir todos los récords de audiencia de un público que llegó a amarlos hasta el delirio, especialmente por los jóvenes a quienes Jerry Lewis había llegado a conmocionar con su biz cómica de un estilo diferente de todos los demás humoristas. En breve tiempo llegaron a triunfar en todos los países que daban sus películas. Dean Martin, como cantante vendió discos alcanzando una cifra extraordinaria con *That is amore* canción con la que llegó a lo más profundo del corazón de la colonia italiana neoyorkina. Tanto fue así que al separarse de Jerry Lewis, Frank Sinatra lo incorporó a su clan, llegando a enloquecer a un público que estuvo dispuesto a pagar cifras increíbles por verlo cantar y actuar en Las Vegas junto a Frank Sinatra, Sammy Davis, Jr., Peter Lawford y todo el clan en un mismo *show*, cosa que no se volvería a repetir nunca más en la historia del *show business*.

Independizado totalmente, Dean Martin siguió haciendo películas en los más diversos roles. Jerry Lewis había quedado solo. Era como ver a Drácula sin colmillos. Dean Martin, como complemento, era muy bueno, de ahí que el público extrañara no verlos trabajar juntos.

Jerry Lewis, no sé por qué rara manía que tiene la mayoría de los comediantes, después de una carrera exitosa haciendo reír, intentó transitar por un camino diferente: el de actor dramático, cosa que el público ha resistido siempre que un comediante lo haya intentado.

Al morir, Dean Martin deja a un Jerry Lewis serio, ceremonioso y al que no se ve reír como antes. Cansado, pausado y reflexivo.

Todos los años, Jerry Lewis dirige una de las teletones más importantes de los Estados Unidos con la eficacia que lo hizo tan famoso logrando recaudaciones importantísimas para aliviar a aquellos que lo necesitan en un país que todos los años le dice: «¡Gracias, Jerry! ¡Muchas gracias!»

Humor europeo

Humor inglés

Oscar Wilde

Este prolífico literato inglés estaba una noche compartiendo una cena con un grupo de amigos y hombres de letras londinenses. El tono de la conversación saltaba de lo inverosimil a lo absurdo. Todo esto conformaba un conglomerado de opiniones donde abundaba lo satírico, lo irónico, amén de las graciosas y geniales conclusiones del escritor inglés. Hasta que hizo su aparición un invitado tardío quien, después de dar las excusas por su impuntualidad, sacó de entre sus ropas un periódico y leyó en voz alta la despiadada crítica con que un periodista sin ninguna clase de escrúpulos intentaba ridiculizar la última obra de Oscar Wilde. Este, ni lento ni perezoso, recogió el guante de la agresión y observando el notable color que tomaban las sonrisas socarronas de algunos de sus invitados, sin mirar al portador de la noticia dijo, haciendo gala del mejor humor inglés: «No os preocupéis, porque Dios hizo a los artistas y con los desperdicios hizo a los críticos».

Richard Armour

Para conocer de manera más precisa cómo se elabora el humor inglés en toda su magnitud, basta con leer la obra del genial autor Richard Armour «Y todo comenzó con Eva». Este notable escritor toma como punto de partida los hechos más sobresalientes de las mujeres

162

más célebres de la historia, comenzando con Eva, Juana de Arco, Lucrecia Borgia, Cleopatra, Mata Hari y otras no menos famosas. Esta obra, escrita con un gran espíritu de observación y gracioso análisis da rienda suelta a la imaginación sin límites del autor que no olvida en ningún momento la historia real de estos personajes, transitando por los diversos caminos que muestran los más notorios pasajes de la vida de las protagonistas. El sarcasmo, el refinado humor y un mesurado doble sentido están presentes en todo momento mostrando las pasiones, debilidades y frustraciones de estas heroínas.

Charles Chaplin

Charles Chaplin dio por tierra con todas las definiciones sobre el flemático y tradicional humor inglés. Desde los tiempos de la reina Isabel, famosa por no poner límites a sus más bajas pasiones y por proteger la flotilla de barcos piratas que con un gran porcentaje de lo que robaban engrosaban las arcas de la corona, que con el pretexto de vigilar los mares y a sus enemigos hundían a cañonazos todo lo que flotara, apoderándose de todo lo que brillara y abatiendo todo lo que respirara sin el más mínimo de los escrúpulos hasta los Beattles, los ingleses más famosos de la historia, no hubo un inglés que representara mejor la antítesis del humor británico que Chaplin. Este comediante de aspecto francés personificó a un vagabundo que, acosado por la miseria, el hambre o algún policía que siempre merodeaba por los alrededores, dormía en los vagones de los trenes o bajo los puentes. Desde su aparición en el cine mudo, este personaje cautivó a todo el mundo divirtiendo, emocionando y llenando de ternura las historias que él protagonizara. Todo le era adverso. Tanto el policía que lo acosaba, como el dueño del lugar donde trabajara o el que por raras circunstancias siempre tenía que enfrentar era protagonizado por un hombre corpulento, de muy mal genio, de nombre Trompis Fight que, amenazante, siempre terminaba echándolo a empellones a la calle. De manera nada inglesa, Chaplin arreglaba esos pleitos a cachetazos, trompazos, galletazos, tortazos o patadas, eligiendo como blanco preferido el trasero de su oponente. También aparecía colaborando en sus películas un cómico bizco de un solo ojo, llamado Ben Turpin, personaje muy gracioso que a veces hacía la contrafigura de Charlot. Charles Chaplin, con gran inteligencia, encarnaba a los desposeídos, a los indefensos y buenos de corazón, protegiendo a los niños de la calle o defendiendo el honor de alguna joven con quien pretendía tener un romance no siempre con el final deseado. Su sombrero, su pequeño bigote, su bastón, sus botines gastados, su viejo pantalón igual que su *jaquet* percudidos por el uso y el tiempo lo hacían inconfundible. Carlitos boxeador, Carlitos camarero, cocinero, portero, limpiapisos, panadero, mecánico y otras decenas de películas que él mismo escribía hicieron las delicias de grandes y chicos durante muchísimos años. Su film más recordado es *El pibe*, historia llena de amor y ternura que hizo reír a millones de espectadores. Este hombre, por todos conocidos como un seductor y un Don Juan empedernido, tenía dos pasiones: los amores clandestinos y el celuloide.

La tumba de Carlitos

La era del cine mudo agonizaba ante el avance del cine sonoro. El desarrollo tecnológico de la industria cinematográfica dio por tierra con las pretensiones del cine mudo de seguir creciendo. En sus películas los personajes se movían en forma más rápida que lo normal. Esa cámara ligera que filmaba mucho más velozmente que los movimientos naturales hacía que las escenas registradas en el celuloide fueran más cómicas que las filmadas por las cámaras del cine sonoro. *Tiempos modernos* fue la película que le trajo algunos problemas, pues en ella denunciaba la explotación del hombre, donde la maquinaria y el avance tecnológico se fagocitaban al trabajador. A raíz de este film empezaron a tildarlo de comunista. Después, tentó suerte con *Candilejas*, una buena película recordada por su música más que por su contenido. *El gran dictador* fue una película muy festejada por su interpretación de Adolfo Hitler. Tiempo después protagonizaba *Monsieur Verdeux*, película con un guión muy pobre, con una historia endeble y con un Chaplin que ya no tenía la ventaja que le daban las películas mudas. Se acabaron los movimientos rápidos y graciosos que lo hicieran famoso. Después filmó *La condesa de Hong Kong* cuyo fracaso fue total, enterrando en la tumba de los recuerdos su sombrero, su bigote, su ropa y su bastón.

Chaplin tenía razón. Los tiempos modernos y el avance tecnológico habían terminado con su carrera. Contaba con 56 años cuando contrajo matrimonio con Ona O'Neil, hija del famoso dramaturgo norteamericano Eugene O'Neil. Lo demás es historia.

Benny Hill

Por más de 30 años, el *Show de Benny Hill* fue en Inglaterra una especie de institución nacional. Con su cara de niño bueno pero con una habilidad excepcional de decir lo que quisiera mediante gestos, expresiones, miradas, Benny Hill representó a todos los personajes que se le ocurrió, hombres o mujeres por igual. En su programa que llegó a verse en más de 140 países alrededor del mundo, se hacía acompañar de algunos elementos que le permitían lograr su objetivo humorístico; por ejemplo, un compañero calvo, de baja estatura y que era siempre el trampolín que permitía a Benny Hill dar el gran salto para caer luego en el centro de una gran carcajada. También se hizo acompañar de bellas muchachas que en calidad de elementos complementarios daban la nota picaresca a sus presentaciones. El factor amoroso siempre estuvo presente en sus comedias aunque pocas veces lograba conquistar plenamente a la mujer que lo atraía. Sus huídas con cámara acelerada de aquellos que querían alcanzarlo para vapulearlo eran su forma de cerrar muchos de sus *shows*.

Para sus millones de admiradores, Benny Hill fue el hombre más divertido del mundo. Algunos estudios han llegado a la conclusión que tuvo audiencias calculadas en billones de personas.

Los datos más importantes de este destacado comediante inglés son los siguientes: Nombre real, Alfred Hawthorn Hill. Nació el 21 de enero de 1924 en Southampton, Inglaterra. Era zurdo. Nunca se casó, a pesar que dos veces propuso matrimonio a sendas damas pero en ambos casos fue rechazado. Aunque durante toda su carrera se calcula que acumuló por concepto de ganancias la no despreciable suma de 10 millones de libras esterlinas, nunca fue dueño de una casa ni de un automóvil. Sus únicas posesiones eran un televisor y un VCR. Murió el 20 de abril de 1992, a los 68 años de edad cuando, solo en su departamento, miraba la televisión.

Peter Sellers

Nació el 8 de septiembre de 1925 en Southsea, Inglaterra. Inimitable, excéntrico actor que actuó en la serie cómica de radio *The Goon Show* antes de saltar al estrellato con el aturdido inspector Clouseau en la recordada serie de películas *Pink Panther (La pantera rosa)*, la que se estrenó en 1964. Sellers hizo múltiples personajes en *The Mouse That Roared* (1959) y *Dr. Strangelove* (1964).

Donde descolló fue en la película *Una fiesta inolvidable*, film que batió todos los récords en las salas de cine de todo el mundo, película cargada de *gangs* inolvidables como lo anticipaba su título. Peter Sellers hace aquí alarde de ser el torpe más torpe del cine, situaciones estas explotadas al máximo por los autores que, junto a su valet y guardaespaldas Kato hicieron desternillar de risa a un público ávido de un cine inteligente.

Los celos de Eva

Eva fue, sin duda, la primer mujer celosa, lo que queda demostrado en las siguientes historias:

Las costillas de Adán

(Escena en el Paraíso. Adán visiblemente nervioso llega a su casa.)

Adán (dirigiéndose a Eva): Perdoname, querida, que he llegado un poco tarde.

Eva: ¿Un poco? Quedamos que vendrías a buscarme a las 8 para ir a cenar y llegas a las 9 y media.

Adán: Lo que pasa es que me retrasé un poco en la oficina y para colmo cuando salí a la calle todos los elefantes pasaban llenos. Tuve que venirme en una tortuga-taxi.

Eva: ¡¡Adán, no me mientas!!

Adán: ¡Querida, no te miento!

Eva: ¡¡Adán, no me mientas, eh!! Dime: ¿Con quién estuviste?

Adán: ¡Con nadie, mi amor...! ¡Te juro por lo que más quieras que no te estoy mintiendo!

Eva: ¿Seguro?

Adán: Seguro, no. Segurísimo.

Eva: Está bien... Te voy a contar las costillas. Si te llega a faltar otra, te muelo a palos.

Carretel

(Ante la tardanza de su marido, Eva se pasea nerviosa por la sala. Entra Adán portando un paquete.)

Adán (aparentando una tranquilidad que no tiene): ¡Yujuuu! ¿Dónde está mi amorcito? ¡Mira lo que te traigo! ¡Bombones!

Eva (sin ocultar su enojo): ¡Qué bombones ni bombones! ¿Por qué vienes llegando a esta hora?

Adán: Lo que pasa es que hubo un accidente en la ruta. Un mamut chocó con un elefante y el tránsito estuvo atascado por dos horas. Por suerte no hubo desgracias personales salvo un par de monos que resultaron heridos levemente.

Eva: ¡¡No me mientas, Adán!! ¡Tú me engañas con otra!

Adán: ¿Con quién te voy a engañar, mi amor, si tú eres la única?

Eva: ¡Ah sí, eh! ¿Me quieres decir de quién es ese cabello negro que tienes en la solapa?

Adán (mirándose, extrañado): ¿Este? Este no es cabello sino un trocito de hilo de coser.

Eva: ¡¡Ahá!! ¡Ya veo! ¡Entonces me engañas con un carretel!

Paputs

Los mamuts son todos hembras porque si fueran machos, en vez de mamuts serían paputs.

Humor francés

Fernandel

Francia, cuna del arte y la libertad tiene en su lista de hijos pródigos personajes de la fama de Voltaire, Napoleón, De Boisset, Moinet, Roul, Duffi, Rodin, Maurice Ravel, Debussi, Brigitte Bardot, Edit Piaff, Michelle Legrand, Platini, Maurice Chevalier, Charles De Gaulle, Josephine Baker, Charles Trenet, Jean Paul Belmondo y muchos otros que pretender incluirlos a todos en una lista sería imposible. Los franceses son famosos por la Marsellesa, el cognac, el champagne, la baguette, el paté de foillé gras, la mayonesa, el queso rockeford, el *beef bourgignon*, la sopa *bourgebase*, los perfumes y por ser los pioneros de la moda mundial. Ah... me olvidaba. También son famosos por proclamarse maestros en cuestiones del amor.

Esta actitud de proclamarse los expertos más apasionados de este sentimiento, del cual se ha escrito infinidad de tratados, poemas, novelas, ensayos, historias que han servido como argumentos para óperas, películas, comedias, dramas y otras manifestaciones artísticas ha tenido dentro de sus personajes más dilectos a un hombre que con su talento, su máscara natural, su simpatía y sus dotes de comediante compusiera una de las más graciosas e inolvidables caricaturas del amante latino. ¿Su nombre? FERNANDEL.

Todo en él era grande: su cabeza, su sonrisa, sus dientes, sus ojos que manejaba como nadie ya que con una mirada o un gesto decía más que mil palabras. Dueño de una sonrisa más que elocuente y una biz cómica natural, expresaba con notable humor el sentimiento más importante para los franceses: el amor. Este *latin-lover*, cuya voz llena de matices y notable picardía ponía en cada una de sus películas para deleite de sus fieles admiradores, su gran calidad y un finísimo humor.

Jacques Tati

Jacques Tati fue sin duda el dueño de un humor nada fácil de comprender. Perdían su tiempo los que pretendían ver en él a una figura cómica de respuesta rápida y llana, perdían su tiempo pues su humor elaborado artesanalmente solo gustaba a una minoría que disfrutaba de su comicidad nada explosiva. Su máxima creación, *Monsieur Hulot* era un personaje adorado por una reducida pléyade entre los que se encontraban intelectuales, universitarios y vanguardistas que buscaban en él un humor inteligente. Su película más popular por su gracioso contenido fue *Las vacaciones de Monsieur Hulot*.

Su parecido con Alfred Hitchcock era notable, especialmente cuando se ponía su boina y fumaba su pipa. Su visión humorística de la vida tenía un prisma especial que lo hacía distinto de los demás comediantes. Con su actitud indiferente parecía decirle al espectador disconforme: «¡Tómalo, o déjalo!»

Pierre Richard y Luis de Funé

Poca repercusión tuvo entre los hispanos-parlantes el comediante Pierre Richard. Su figura escasamente graciosa hizo que pasara casi inadvertido para el gran público latinoamericano. Salvo una película que tuvo ribetes más o menos cómicos, lo demás fue casi inexistente.

Lo mismo pasó con Luis de Funé aunque este tuvo más suerte que el rubio actor. De Funé fue una tímida brisa para un público ávido de ciclones y huracanes en lo que a humor se refiere. De Funé, un hombre mayor con gestos huraños, siempre enojado no se sabe por qué, más el idioma francés, el menos comprensible de los idiomas latinos, sumado a una traducción deficiente hicieron que sus películas tuviesen menos acogida que una carcajada en un velatorio.

En chino

Dos ingenieros expertos en computación y tecnología avanzada explican al presidente de los Estados Unidos que acaban de construir una computadora tan completa que, además de almacenar información, contesta en menos de dos segundos cualquier pregunta que se le haga. El presidente le pregunta a la computadora: «¿Qué sucederá con los Estados Unidos si yo soy elegido presidente otra vez?» La computadora le contesta de viva voz. Asombrado, el presidente exclama: «¡Esto es maravilloso! ¡La computadora me ha contestado al instante! ¡Lo que no entiendo es por qué me contestó en chino!»

Réquiem in pace

Un golfista profesional no permitía que se le interrumpiera o hablara mientras cumplía con su turno en el campo. Se concentraba tanto en el juego que no le interesaba nada ni nadie aparte de darle a la pelota. Un día, ante la muchedumbre que lo seguía en silencio, se paró frente a la pelota que estaba como a un centímetro del hoyo. No se escuchaba ni el volar de una mosca. De ese golpe dependía que ganara el campeonato mundial. Levantando la vista, vio que por uno de los costados de la cancha pasaba un cortejo fúnebre. Ante el asombro de todo el mundo, se sacó su sombrero y cerró sus ojos en señal de recogimiento. Un jugador que no podía creer lo que veía le comentó a otro en voz baja:

Jugador 1: ¿Viste lo que vi yo? ¡Paró de jugar en el último hoyo! ¡Si no lo veo no lo creo! ¿Quién será la persona que llevan a enterrar?

Jugador 2: ¡Es su esposa!

Carnearon a otro golf

Frente a un campo de golf había una carnicería. Todas las mañanas, el carnicero al abrir su negocio encontraba una o más pelotas de golf que se perdían durante el juego. Un día, cuando encontró dos pelotas de golf, las metió dentro de una bolsita de polietileno y las colgó en un gancho entre la morcilla esperando que alguien llegara a reclamarlas. En eso entró Manolo. Al ver la bolsita, preguntó:

Manolo: ¿Qué son esas cosas que cuelgan del gancho?
Carnicero: Son pelotas de golf.

Manolo no entendió la relación pero para no dejar en evidencia su ignorancia, no hizo comentario alguno. Al día siguiente, el carnicero encontró otras dos pelotas de golf. Las metió en otra bolsita de polietileno y la colgó junto a la anterior. A la media hora entró Manolo y al ver que había dos pelotas más, dijo al carnicero:

Manolo: ¡Veo que carnearon a otro golf, eh!

¡Aguántate, Manolo!

Manolo y Pepe van a un teatro a ver una obra dramática de mucho éxito. Cuando estaba por finalizar, Manolo le dice a Pepe:

Manolo: Oye, Pepe ¿faltará mucho para que termine esto?
Pepe: Supongo que unos diez minutos ¿por qué?
Manolo: Porque me estoy orinando.
Pepe: Aguántate a que esto termine, Manolo.
Manolo: ¡No creo que aguante!
Pepe: Entonces andá rápido, antes que sea demasiado tarde y no te preocupes, que yo te cuento el final.

Manolo, entonces, salió al vestíbulo que estaba totalmente a oscuras. Miró hacia todos lados buscando el baño. Vio una puerta, se dirigió allá, la abrió, al frente vio una segunda puerta. La abrió y se encontró con otra habitación en semioscuridad. Desesperado y no aguantando más, tomó un jarrón que había sobre una mesa y orinó en él. Cuando en el vestíbulo se encontró con Pepe le preguntó:

Manolo: ¿Cómo terminó la obra?

Pepe: ¡La verdad es que no entendí nada! Muere el rey, la reina llora en silencio. Después entras tú y orinas en el jarrón... No sé, no entendí nada.

Concurso de mentirosos

Tipo 1: Una vez estaba en el África. Se me aparecieron dos leones. Me quedaba una sola bala. Saqué mi cuchillo, lo puse delante del caño de la escopeta, disparé, la bala se dividió y con ambas mitades maté a los dos leones.

Tipo 2: Un día iba caminando por el África y me salieron tres leones. Me quedaba una sola bala. Saqué mi cuchillo, lo puse delante del caño de la escopeta, disparé, la bala se dividió y con ambas mitadas maté a dos leones. El tercero salió corriendo y se perdió en la selva.

Tipo 3: Peor me pasó a mí. Me di vuelta y me encontré de frente con diez leones; a mi derecha, cinco panteras; a mi izquierda, siete leopardos y al frente, un rinoceronte.

Tipo 1: Me imagino que estarías muerto de miedo.

Tipo 3: No, para nada. Estaba en el Zoológico.

Desahogo

Pepe y Manolo van caminando por la orilla de un río cuando de pronto se encuentran con una mujer que se está ahogando. Manolo le empieza a gritar:

Manolo: ¡Señora, llore! ¡Llore, señora, llore!

Pepe: Pero, Manolo. ¿Para qué le dices a la señora que llore?

Manolo: Pues, Pepe, para que se desahogue, hombre, para que se desahogue.

Granada

Capitán: Soldado Pérez, ¿alguna novedad?

Soldado Pérez: ¡Sí, mi capitán! ¡Acaba de morir el sargento González!

Capitán: ¿Qué sargento González?

Soldado Pérez: El sargento González... aquel... de bigotito...

Capitán: ¿Sabe que no me acuerdo?

Soldado Pérez: Aquel flaquito... que tenía un defecto al caminar... el que hablaba con la zeta.

Capitán: ¿Uno que era rubio?

Soldado Pérez: No. Era morenito, bajo, delgado, medio chueco.

Capitán: ¿Delgado, medio chueco? La verdad es que no lo recuerdo.

Soldado Pérez: Aquel medio narigón... ese que fue campeón de tiro dos años seguidos.

Capitán: ¡Ah, ya sé! ¿Ese que vivía en Alabama?

Soldado Pérez: No. Vivía en Masachusesetts.

Capitán: ¿Uno que tenía una hermana que era un poco gordita?

Soldado Pérez: No. Este no tenía hermana. Era hijo único.

Capitán (como hablando para sí): Sinceramente no lo recuerdo... ¿Ah, aquel que siempre cantaba *Granada*?

Soldado Pérez: ¡Ese mismo, mi capitán!

Capitán: ¿Qué le pasó?

Soldado Pérez: Precisamente estaba cantando *Granada* cuando le explotó en la boca.

Humor español

Gila

Carismático, fino, pensante, histriónico, inteligente, audaz, innovador y original fueron las facetas que caracterizaron a mi entender al humorista más grande que dio España.

Lo conocí en un restorán de la calle Libertad en Buenos Aires. Un amigo en común nos presentó a él y su esposa. Lo que menos imaginaba era que este español más español que la paella, el gazpacho y el vino Fino Laína fuera tan gracioso y ocurrente. Elegante y sobrio, con una cara seria que decía muy poco, y a veces muchas cosas especialmente cuando mostraba con una sonrisa su generosa dentadura. Tenía más dientes que una pelea de tiburones.

En su debut nos sorprendió a todos. ¡Esa manera tan particular de hacer humor que tenía! No necesitaba más que dos cosas: un público enfrente suyo y un teléfono en la mano. Sus conversaciones con el enemigo han llegado a ser clásicos en la humorística universal:

¡Hola!... ¿Hablo con el enemigo?... Mucho gusto... ¿Me podría dar usted con el capitán?... ¿Que murió?... ¿Qué lo están velando ahora mismo?... ¿Cuándo lo entierran?... Mañana a las once... Como nosotros los vamos a atacar a ustedes de 6 a 8, yo podría ir al velatorio de 9 a 10... A la viuda le va a gustar muchísimo, así es que ya sabe. Mañana de 9 a 10 estaré por allá... Muchas gracias... La verdad es que yo los llamaba por otra cosa. ¿A qué hora nos van a atacar el sábado?... No. No es por nada, pero nos vendría bien si nos pudieran atacar después de las 11 de la noche porque en la tarde vamos a festejar el cumpleaños del coronel... Sí, por supuesto que están invitados. Para el coronel será una alegría enorme tener al enemigo con nosotros... Ah... me olvidaba. ¿Cómo andan ustedes de municiones?... ¿Que les faltan municiones? No se preocupe. Nosotros podemos mandarles unos cien cajones que nos están sobrando. A propósito, ¿no cree que pudieran prestarnos dos tanques hasta la semana que viene?... ¿Sí?... Muchas gracias.

¿Cuándo cree que podríamos irlos a buscar?... ¿Que los van a traer ustedes mismos? No saben lo contento que va a estar el coronel... ¿Y recibieron los cañones antiaéreos que nos prestaron la semana pasada?... Ah, sí, que los recibieron... No. No los usamos para nada, como a ustedes ya no les quedan más aviones con qué atacarnos, no necesitamos usarlos... Ah, me olvidaba. ¿El sábado van a venir al baile que organizamos con el capitán?... ¿Sí?... Me alegro... Bueno, lo voy a tener que dejar porque acaba de caer una bomba en la cocina, justo en la cacerola del potaje. Un chorizo me acaba de pasar por encima de la cabeza. Si no me agacho, me mata... ¿Cómo que qué chorizo? ¡El que nos mandan todos los días de la carnicería! ¡No me diga que ustedes no reciben chorizos? ¿Y garbanzos?... ¿Garbanzos tampoco?... Quédense tranquilos que nosotros les vamos a mandar... No... No me dé las gracias, si no, ¿para qué estamos los enemigos?

Isaac Albeniz en competencia

El nombre de Isaac Albeniz había comenzado a tener una popularidad inusitada dentro de los círculos musicales de España. Como intérprete, como compositor y autor de *Evocación, El puerto, El Albaicin, Fete-Dieu a Seville, Triana*, todos de la suite Iberia.

Gozaba entre sus amigos de la fama de ser poseedor de un buen carácter y excelente humor. Dijo una vez que el humor y la nostalgia eran como partículas de oxígeno que su organismo necesitaba para seguir viviendo. Una noche, después de una verbena fue con sus amigos a un cafetín donde además de servir el mejor jerez de la frontera había un piano donde a menudo desplegaba su arte.

Isaac Albeniz, que ponía pasión ilimitada en todo lo que hacía se vio envuelto una noche en una pelea en la que estaba en juego el honor de una mujer. Salió a la calle con dos contendores. Uno de ellos resultó muerto de una puñalada. No faltó el comedido que entró al cafetín gritando: «¡Parece que fue Isaac el que lo mató!» Todos corrieron afuera y se encontraron, tendido en el suelo, con el cuerpo sin vida de un hombre joven. Solo estaba Isaac quien, desconcertado yacía al lado del muerto. El que lo había matado en defensa de Isaac Albeniz ya había huido. Un amigo, tomando a Albeniz de un brazo, lo llevó rápido a su casa, lo escondió algunos días y en cuanto pudo, Isaac partía hacia Buenos Aires donde pasó algunos años. Aprovechando que todo el mundo lo daba por muerto por haber contraído la fiebre amarilla, epidemia que azotó a la capital argentina, decidió regresar a España. Una noche, al pasar frente a un conservatorio vio un gran cartel anunciando: «Hoy, gran concurso de pianistas. Habrá un gran premio para quien toque mejor como Isaac Albeniz». Se inscribió y después de una veintena de pianistas le tocó el turno a él. Interpretó un tema compuesto por él mismo. Finalizado el certamen, anunciaron el resultado. El ganador subió al escenario a recibir su premio. También llamaron a Albeniz. Después de la premiación, se produjo el siguiente diálogo entre Albeniz y los miembros del jurado:

> *Isaac Albeniz*: Perdonen, señores, pero ustedes de música saben muy poco o nada.
> *Jurado*: ¿Por qué dice usted eso?
> *Isaac Albeniz*: Porque ese premio me correspondía a mí.
> *Jurado*: ¿Qué número de concursante tiene usted?
> *Isaac Albeniz*: El número veintiséis.
> *Jurado*: No se puede quejar. Ocupó el tercer lugar.
> *Isaac Albeniz*: Sin embargo, le digo que ustedes no saben nada de música.
> *Jurado*: ¿Se puede saber quién es usted?
> *Isaac Albeniz* (haciendo gala de su buen humor): ¿Quién soy yo? Pues… soy Isaac Albeniz.

Aceituna

Una anciana sube a un bus lleno de pasajeros que la lleva al centro de la capital.

> *Cobrador*: Señora, su boleto.
> *Señora*: ¿Cuánto es?

Cobrador: Diez centavos.

Señora (pasándole algo): Tome, sírvase.

Cobrador: Señora, me está dando una aceituna.

Señora: Perdone usted, pero parece que en lugar de abrir el monedero abrí una empanada.

Curcuncho

Un cantante argentino de tangos llega a Santiago de Chile para ofrecer un recital. Lo acompaña su pianista que es curcuncho; es decir, jorobado. El teatro está a reventar. Se inicia el recital de tangos y desde el primer momento queda en evidencia que el cantante es tan malo como excelente es el pianista. Poco a poco el público va impacientándose ante las continuas desafinaciones del tanguista. Empiezan a expresar su descontento con gritos, silbidos y zapateo en el piso del teatro. El tanguista parece decidido a completar la programación, mientras el pianista se esfuerza por hacer su brillante trabajo. Y lo logra. Es, definitivamente, un maestro del piano. Le llega el turno al tango «Caminito». Y cuando el cantante llega a la parte que dice: «Y que el tiempo nos mate a los dos», se escucha un grito que sale de entre el público: «¿Qué culpa tiene el curcuncho, oh?»

Lo de siempre

Camarero: Señor Drácula ¿qué quiere beber?

Drácula: ¡Lo de siempre!

Camarero (gritando la orden): ¡Marchen diez morcillas exprimidas!

Frío

Manolo: ¡Qué frío terrible, eh! Parece que se vino el invierno.

Señora: Así es. Se vino el invierno con todo.

Manolo: ¿Sabe usted cómo nosotros los gallegos nos quitamos el frío?

Señora: ¡No! ¿Cómo?
Manolo: Cuando hace frío nos arrimamos a la estufa.
Señora: ¿Y cuando hace mucho, mucho frío?
Manolo: ¡La encendemos!

Humor italiano

Totó, Aldo Fabrisi, Memo y Mario Carotenutto, Alberto Sordi, Ana Magnani, Vittorio Gassman, Hugo Tognazzi

Cuando yo era chico, porque alguna vez lo fui, mi madre nos dejaba a mi hermano y a mí en un cine que quedaba a una cuadra de mi casa. Por veinte centavos nos veíamos tres películas. Gracias a mi madre, por unas monedas empecé a conocer diferentes países de distintas regiones, con distintos idiomas y diferentes culturas. En aquella época de mi niñez no había televisión, ni *compact discs*, ni *cassette players,* ni computadoras, ni nintendos, ni celulares y menos VCR y DVD. Todo era en blanco y negro. Hasta la radio. En aquel tiempo había tres vías de información y entretenimiento: la primera, la escrita, que contemplaba libros, periódicos y revistas; la segunda, la radio; la tercera, el cine y teatro. Así aprendí, en mi niñez, por intermedio del cine cuáles eran las principales capitales del mundo, que el río Sena está en Paris, que el Támesis en Londres y el Nilo en África; que el Parque Central en Nueva York, que la plaza España está en Roma, que Chopin era polaco, que Paganini era italiano y que Rimski-Korsakov había nacido en Rusia. Todo eso y muchas cosas más las aprendí gracias al cine.

Del cine ruso aprendí a conocer por medio de la película *El acorazado Potamkin y Octubre* el por qué de la revolución bolchevique y cómo se había desatado la Segunda Guerra Mundial. Supe del caso Dreyfus, recorrí el desierto de Sahara, anduve por la muralla china y por la calle Broadway. Para un gran porcentaje de chicos de mi edad, saber aquellas cosas era muy natural. Lo que me aterra del tiempo presente es la era robótica de la cibernética computarizada donde se habla de *softwares*, de discos duros, de *chips*, de cultura de la muerte con películas donde se ve y se enseña cómo asesinar a una persona aunque sea en aras de la ley. Matar, matar, matar, matar.

La cultura de la muerte es de vieja data. Las películas de guerra en que los americanos peleaban con los japoneses y contra los alemanes y los aliados, y la bomba atómica y los buenos contra los malos y los malos contra los peores existió siempre; o sea, que no hay nada nuevo bajo este viejo sol que cada año calienta más, quemándonos hasta las ideas.

Después de la guerra comienzan a rodarse con éxito películas llamadas del neo realismo italiano. Vittorio De Sica y Roberto Rosellini filmando con una cámara al hombro historias de crudo realismo con actores no profesionales sacados del pueblo mismo comienzan a hacerle sombra a las grandes producciones americanas. Poca sombra, pero sombra al fin.

Un público diferente empieza a conmoverse con películas como *El ladrón de bicicletas* o *Humberto D.* Aparece como la revelación cómica el nombre de Totó, actor lleno de caras y gestos y dueño de una voz particular y una impresionante naturalidad italiana para tratar sus pequeñas grandes historias. Vivió para satirizar la vida cotidiana de los napolitanos y para probar que era un príncipe. El que nació como Antonio Curys Gagliarde Ducas afirmaba que su título de príncipe venía de los días del Imperio Bizantino. En cierta ocasión pidió a las autoridades que le concedieran el derecho de usarlo. Su reinado, sin duda, era el de la risa. Trabajó en más de cien películas e interpretó personajes muy diferentes. Se caracterizaba por ser un tipo marionetístico y bizarro. Su físico le ayudaba. Su rostro era definitivamente feo, con trazos irregulares.

Murió el 15 de abril de 1967, en Roma, a los 69 años de edad.

Poco tiempo después, en las pantallas del cine peninsular aparece una de las caras más inolvidables del cine neo realista italiano: Aldo Fabrisi. Después del cine neo realista aparecen los nombres de Memo y Mario Carotenutto y películas como *Los desconocidos de siempre*, donde los actores hablan más con las manos que con la boca, con detalles, gestos y ademanes con los que transmiten la manera de pensar de un pueblo que habla de todo con amplia libertad y donde los adjetivos y apelativos se dicen sin ningún reparo con palabrotas y situaciones que crudamente exponen historias donde todo el mundo está involucrado: el cura párroco, el alcalde, el boticario, los *carabinieri* y las viejas beatas todas vestidas de negro criticando la atrevida manera de vestir de la hija de doña Asunta Turido.

Dentro de los actores italianos, a pesar que no todos eran cómicos, muchos tenían una vena graciosa. No eran cómicos, pero la manera de hablar, de decir, la forma de enfocar las situaciones era tan natural que lo natural se transformaba en gracioso, lo gracioso en cómico y lo cómico en grotesco.

Las historias pueblerinas eran bien explotadas por los directores. Dentro de estas historias, donde la realidad superaba la ficción eran comunes las escenas de nacimientos, bautizos, casamientos, velatorios y todo acontecimiento social donde se reunía el pueblo, sin olvidar las remanidas historias de adulterios. Todas estas historias tragicómicas eran actuadas por personajes cuyos rostros eran tan cómicos que el espectador más de una vez se habrá preguntado: «¿Dónde conseguirán a estos tipos con tales caras?»

Hubo un actor cuya simpatía contagiosa y gracia natural descollaban en el cine italiano. Su nombre: Alberto Sordi. Película que hacía, película que batía el record. Su éxito fue tan rotundo en América que me animo a decir que su fama era reconocida en todo el mundo.

La actriz dramática Ana Magnani no se esforzaba para nada cuando en algunas de sus películas tenía que cubrir una situación cómica. Su talento y su condición de italiana era todo lo que necesitaba para triunfar.

¿Y qué pasa si nombramos a Vittorio Gassman? ¡Cuántas películas! ¡Cuántas anécdotas! ¡Cuántos recuerdos! ¡Cuántos pasajes de esta gloria del cine y del teatro mundial! Gassman fue actor y maestro de actores.

Todo lo que hizo lo hizo bien, desde *Otelo* en teatro hasta *Perfume de mujer* en el cine, película que en los noventa protagonizara Al Pacino haciendo el mismo papel que Vittorio Gassman. Pero su máxima creación fue, sin duda, *Il sorpaso*, donde encarna a un personaje joven y seductor con una frescura a prueba de balas. Lo veo manejando su automóvil convertible último modelo con una bocina con un sonido tan particular que mientras todavía la película estaba en cartelera, empezaron a circular cientos de autos por todas las calles del mundo tocando la bocina «Il sorpaso». Aquel fenómeno fue, sin duda, el mejor tributo que el público podía hacer a la excelencia y al éxito de película y protagonista.

Ma, el piú simpaticoni de tutti foi il capo comico Hugo Tognazzi (¿qué tal mi italiano, *mio caro fratello*?). Hugo tenía la particularidad de hacer reír sin proponérselo. Caminando, durmiendo, viendo una película, tomando sopa. Bastaba una mirada suya para hacer reír. Todos los recursos eran válidos para él. No se privaba de nada. Iba desde lo más inocente hasta lo más osado, como la película *La gran comilona* donde vi a gente levantarse de su asiento e irse de la sala. En esta película, un grupo de amigos decide encerrarse en una casa y suicidarse comiendo. Pero, para mí, el éxito descollante de Hugo Tognazzi lo alcanzó con la película *Venga a tomar café a casa*.

Empate

Maestra: Dígame Jaimito, ¿cuántos son 8 y 7?
Jaimito: 15, señorita.
Maestra: Muy bien. ¿Y 7 y 4?
Jaimito: 11, señorita.
Maestra: ¡Muy bien! ¿Y 2 y 2?
Jaimito: Un empate, señorita.

Primos

Sargento: ¡Soldado Pérez! ¿Qué es la patria para usted?
Soldado Pérez: ¡La patria para mí, mi sargento, es mi madre!

Sargento: ¡Soldado López! Y para usted, ¿qué es la patria?

Soldado López: ¡Para mí también es mi madre, sargento!

Sargento: ¿Y para usted, soldado González, qué es la patria?

Soldado González: ¡Para mí la patria es mi tía, mi sargento!

Sargento: ¿Cómo que su tía? ¿Usted está loco, soldado González?

Soldado González: ¡No, mi sargento! Lo que pasa es que el soldado Pérez y yo somos primos.

Zuperman

Manolo sale del Banco de Galicia con $20,000 en un portafolio. Un pistolero lo apunta con una pistola y le ordena que le entregue el portafolio. La situación es tan delicada que Manolo decide entregar el dinero, pero en ese momento hace su aparición un hombre de a caballo. Viste totalmente de negro, con sombrero negro, un antifaz y una capa negros, con una Z en el pecho y una espada en la mano. Al verlo, el ladrón deja caer el portafolio y sale disparado huyendo. El hombre de negro con la Z en el pecho recoge el portafolios, se lo entrega a Manolo, se despide y se va. Manolo, todo emocionado, se despide también, diciéndole: «¡Gracias, Zuperman!»

¡Socorro, me casé con un locutor!

Locutor: ¡Buen día!

Esposa: ¡Buen día para ti! Recién me levanto y estoy cansada.

Locutor: ¿Cansada? ¿Agotada? ¿Desganada? Tome Descansol al acostarse y al levantarse se sentirá como nueva. Recuerde, Descansol.

Esposa: ¿Qué quieres desayunar té o café?

Locutor: ¡Café, café, lo que se dice café, café de Colombia, Vallenato, el café bueno y barato!

Esposa: ¿Con leche o sin leche?

Locutor: Sí, leche, pero que sea leche «La vaca bizca». Qué rica la leche de «La vaca bizca», aunque le ponga una pizca.

Esposa: ¿Con galletas o tostadas?

Locutor: ¡Con tostadas, pero que sean tostadas «Trigalito». Tostadas «Trigalito» las que comen los gorditos.

Esposa: ¡Ah, me olvidé decirte que nos robaron el auto!

Locutor: ¿Nos robaron el auto? ¡Ja, ja, ja! Qué me importa, porque mi carro está asegurado en la aseguradora «La Dudosa». ¿Con seguros «La Dudosa»? A otra cosa.

Esposa: ¿Vos sos loco o te falta un tornillo?

Locutor: Tornillos, tuercas, martillos, serruchos, los encontrará en ferreterías «El Pucho». Ya sabe. Ahorre mucho en «El Pucho».

Esposa: Mi mamá viene a quedarse dos meses con nosotros.

Locutor: Para estas vacaciones especiales, compre veneno «Garlopa» y póngaselo a su suegra en la sopa. Si su suegra sigue viva, use veneno Zapata y la vieja estirará la pata.

Esposa: Si haces eso, llamo a la policía.

Locutor: Sí. Llame a la policía, pero que sea con teléfonos «Tato». Con teléfonos «Tato» la policía vendrá de inmediato.

Esposa (empezando a cansarse): ¿Por qué no te vas a bañar?

Locutor: Sí, pero me voy a bañar con jabones «Limpia Tutti». «Limpia Tutti» le dejará brillando el cutis.

Esposa (completamente fastidiada): Cayáte o te saco volando.

Locutor: Váyase volando, pero que sea por Aerolíneas Cicabuta. Recuerde, Cicabuta, que va de Japón a Calcuta.

Esposa: No te aguanto más. ¡Quiero el divorcio!

Locutor: ¿Divorcio? ¿Divorcio dijo? Separación de bienes, herencias, llame al doctor Mamerto y el doctor Mamerto le arreglará el entuerto.

Humor latinoamericano

Humor mexicano

Cantinflas

Mario Moreno Reyes, más conocido por «Cantinflas» nació el 12 de agosto de 1911 en la sexta calle de Santa María La Redonda Nº 182, Ciudad de México. Cuando le preguntaban su fecha de nacimiento, Cantinflas respondía: «Nací en la sexta calle de Santa María La Redonda, número 182, pieza 4, cama 2 del lado derecho, a las cero horas, 30 minutos, 15 segundos y medio de la madrugada del 12 de agosto de 1911 con viento moderado del Este, poca nubosidad aunque posibles chubascos para el mediodía».

Cantinflas creció en un ambiente austero pero cordial. Su padre, hombre recto y severo, de claras convicciones, haciendo gala de su rectitud le ordenó que ingresara a la universidad. Al promediar sus estudios, Cantinflas empezó a sentir una atracción muy grande por lo artístico lo que terminaría por alejarlo definitivamente de las aulas. Su vocación por el baile y las imitaciones lo llevaron a presentarse ante el empresario de un teatro de variedades de Veracruz ofreciéndose como bailarín. Un día en que uno de los componentes del elenco se indispuso, el empresario le pidió a Cantinflas que saliera a escena para calmar los ánimos del público. Ante tamaña responsabilidad se enfrentó al monstruo de mil cabezas y comenzó a hablar

186

titubeando y equivocándose de forma tan graciosa que el público empezó a reírse a mandíbula batiente.

Esa noche había nacido una nueva estrella. Había nacido Cantinflas, para mí, el más grande cómico de todos los tiempos. Su dulzura, su tierna y pícara mirada, su figura inconfundible, su manera de caminar, su vestimenta, su sencillez y buen corazón harían que en poco tiempo se adueñara de los aplausos de toda América.

Sus primeras películas tuvieron tanta repercusión que no se conoce otro éxito parecido. En su larga trayectoria como cómico se destacan los títulos de las siguientes películas.

Cortometrajes:

Siempre listo en las tinieblas (1939), Jengibre con dinamita (1939), Cantinflas boxeador (1940), Cantinflas ruletero (1940), La prima de Cantinflas (1940)

Largometrajes:

No te engañes corazón (1936), Así es mi tierra (1937), Aguila o sol/Cantinflas en el teatro (1937), El signo de la muerte (1939), Ahí está el detalle (1940), Ni sangre ni arena (1941), El gendarme desconocido (1941), Carnaval en el trópico (1941), Los tres mosqueteros (1942), El circo (1942), Romeo y Julieta (1943), Gran hotel (1944), Un día con el diablo (1945), Soy un prófugo (1946), A volar, joven (1947), El supersabio (1948), El mago (1948), El portero (1949), El siete machos (1950), El bombero atómico (1950), Si yo fuera diputado (1951), El señor fotógrafo (1952), Caballero a la medida (1953), Abajo el telón (1954), La vuelta al mundo en 80 días (1956), El bolero de Raquel (1956), Ama a tu prójimo (1958), Sube y baja (1958), Pepe (1960), El analfabeto (1960), El extra (1962), Entrega inmediata (1963), El padrecito (1964), El señor doctor (1965), Su excelencia (1966), Por mis pistolas (1968), Un Quijote sin mancha (1969), El profe (1970), Don Quijote cabalga de nuevo (1972), Conserje para todo (1973), El ministro y yo (1975), El patrullero 777 (1977), El barrendero (1982)

Mi primer encuentro con Cantinflas

Tendría yo 10 u 11 años. Vivíamos en la ciudad de Avellaneda. Las clases habían terminado. Después de almorzar, el lugar obligado para reunirme con mis compañeros y amigos era el Racing Club. De 2 a 3 de la tarde comenzábamos a planear lo que íbamos a hacer el resto del día. Jugábamos al fútbol, al básquetbol o íbamos al cine. Ese día llovía a cántaros. Dentro de las opciones que teníamos para elegir nos quedamos con la de ir al cine a ver una película de un nuevo cómico llamado Cantinflas. Al llegar al cine, vimos que la puerta de entrada estaba llena de fotos de pasajes de la película. La figura de Cantinflas, especialmente su vestimenta nos causó tanta gracia que no dudamos ni un segundo en entrar. La película se titulaba Gran hotel. Esa tarde nos reímos tanto que a partir de ese día, cada vez que daban una película de Cantinflas ahí estábamos nosotros junto con otros cientos de espectadores que llenaban la sala de bote en bote. Esa tarde, mientras regresábamos al Club, todos empezamos a imitar esa manera graciosa que tenía Cantinflas de hablar de todo sin decir nada. Al poco tiempo, Cantinflas nos enseñó un nuevo idioma. Nos enseñó que en México a los niños les dicen chispayates y esquincles, a las mujeres les dicen viejas, a las chicas bonitas les dicen mamacitas, por decir el verdadero dicen el mero mero, si alguien se muere dicen se petateó, a la cárcel le dicen el tambo, al calabozo el bote o el botellón, para decir ¿cómo estás amigo? Dicen ¿quiubole, carnal?. Un tipo pesado es un sangrón. Cuando alguien se despide y quiere decir ahí nos vemos, dice ahí los vidrios. Cuando alguien mata a alguien dice que le dio chicharrón. Al amigo le dicen cuate, a la madre le dicen jefa. El alimento principal es la tortilla. La piedra donde se calienta la tortilla se llama comal. Lista de comidas mexicanas: tacos, mole, pozoles, chicharrón, burritos, quesadillas, chile, chile relleno, chile poblano, chile chipotle, frijoles, huevos rancheros. La bebida nacional es el tequila, y el pulque. Y así sucesivamente. Tratar de completar la lista sería algo de nunca acabar.

A los dos años de estrenar su película en Argentina, los admiradores de Cantinflas sumaban cientos de miles, tantos que en los carnavales en los concursos vecinales de disfraces aparecían siempre decenas de muchachos disfrazados de Cantinflas. Cuando murió, yo estaba convaleciendo de una operación a mi rodilla derecha. Al oír la infausta noticia de que Cantinflas había muerto, el chico que llevo dentro de mí sollozó durante largo tiempo. Por eso yo, Jorge Porcel digo y afirmo que Cantinflas fue, es y será el más grande.

Diálogos de Cantinflas

Cantinflas: Y esos animales, ¿de dónde los sacaron?

Interlocutor: Pos, de donde los sacamos siempre.

Cantinflas: Pos será del basurero, porque no me va a decir que son guajalotes, más bien parecen zopilotes disecados. Mire no más qué muslo. Mire no más qué buche. Mire que no tiene ni buche. Mire usted no más. ¿Dónde está el gordo? ¿Dónde está la carne? Pero ni por aproximación, no hay pescuezo, pura rabadilla. Mire no más, mire no más qué mirada tan triste tiene…

Interlocutor: Pero si está muerto…

Cantinflas: Muerto de hambre, porque nunca comía el pobrecito, y no me le quiten todas las plumas porque le va a dar pulmonía…

Cantinflas: Niños, ora si se les va a caer, ahora verán. Aquí tenemos primeramente el pluscuanperfecto del antebrazo del verbo atraía; o sea, yo atraía, tú atraías, él atraía. ¿Y tú qué traes? No. Este no. Vamos a ver niños. ¿Ustedes saben lo que es gramática? Se me hace que no saben. ¿Cómo lo van a saber si andan de pinta no más ahí jugando al timbiriche y las tripas de gato? Pero no importa pues para eso estoy yo aquí, para decírselo. Gramática es el arte o la ciencia, pues en esto no nos hemos puesto de acuerdo, que nos enseña a leer y a escribir correctamente el «indioma» castellano.

Un niño: Maestro, no se dice «indioma»; se dice idioma, de raíz latina.

Cantinflas: Sí, pero yo no hablo de esa raíz, yo hablo de la raíz india, por eso digo indio-ma.

Chespirito

Hace muchos años, el portero del teatro donde yo trabajaba me llevó una carta al camarín. Venía de México y estaba dirigida a mí con aviso de retorno. Decía más o menos así: «Estimado Porcel: Mi nombre es José María Alves. Soy arquitecto. Tengo unos cuantos años más que usted. Hace unas semanas estuve en Argentina, precisamente en la ciudad de Buenos Aires. Una de las tantas cosas que me maravillaron fue la cantidad de espectáculos teatrales que hay en la calle Corrrientes. Mis amigos, al saber que viajaba a su país, me recomendaron que por nada del mundo fuera a perderme su *show*. Por supuesto, fui a verle y le confieso que me hizo reír con ganas. Hacía tiempo que no me reía así. Pero lo notable era ver cómo el público lo esperaba a la salida para felicitarlo. Por la forma en que la gente lo trataba, me di cuenta cuánto lo quieren. Acá en México nosotros tenemos un personaje llamado Chespirito personificado por el gran actor Roberto Gómez Bolaños quien, al igual que usted, es querido y mimado por un público que lo sigue fielmente. Claro, Chespirito es la mitad de usted, chaparrito pero con un talento enorme. Desde aquí le mando un gran abrazo y lo felicito por su trabajo. Lo saluda muy afectuosamente, esperando su contestación. (Firmado) José María Alves.

Era la primera vez que recibía una carta de México tan conceptuosa. Me quedé pensando quién sería Chespirito. Ese nombre era difícil de olvidar. Pasado el tiempo y estando en Nueva York, lo vi anunciado en un canal de televisión. Me dispuse a ver el programa. La curiosidad era muy grande cuando apareció Gómez Bolaños encarnando al Chavo del Ocho. El Chavo del Ocho era un niño pobre que vivía en una casa muy humilde de una vecindad de México. Una de las particularidades de este programa era que todos los demás niños que aparecían como sus amigos eran personificados por adultos, todos profesionales talentosos. Los más conocidos eran el señor Barriga, con su eterno portadocumentos siempre lleno de alquileres impagos y dotado de una paciencia inacabable para que las cosas mejoraran en la vida de uno de los inquilinos siempre atrasado en el pago; Quico, con su pelota y su llanto a modo de trino pronto a prorrumpir ante las bromas interminables del Chavo; la Chilindrina, con sus pecas, sus trenzas, su chaleco siempre mal puesto y sus llantos suspirados; el profesor Jirafales, su ramo de flores, sus simpatías, cortesías y amabilidad hacia la mujer de sus sueños, de quien estaba siempre dispuesto a aceptar una tacita de café; don Ramón, con sus eternos problemas económicos, sus encuentros desafortunados con doña Florinda que siempre terminaban con unos palmetazos que lo hacían dar un par de vueltas sobre sí mismo; doña Florinda, siempre vigilando a su hijo Quico y derritiéndose de amor cuando llegaba a verla el profesor Jirafales y la Bruja del 71, eterna enamorada de don Ramón.

Además de Chespirito, Roberto Gómez Bolaños hacía los personajes del doctor Chapatín, el Chompiras, el Chapulín Colorado, Chaparrón Bonaparte y otros.

En los diversos *sketch* que el grupo escenificaba había otros personajes, tales como Ñoño, la Chimultriufa, Jaimito el cartero. Todos ellos no solo se habían adueñado de los corazones de niños y adultos de México, sino que con el tiempo se harían famosos en toda América hispana. En las calles de los distintos países latinoamericanos y regiones muy pobladas de hispanos de los Estados Unidos aun se escucha decir a los niños frases tales como: «Fue sin querer queriendo», «¡Síganme los buenos!», «¡No contaban con mi astucia!», «¡Cállate, cállate, que me desesperas!», «Es que no me tienen paciencia» frases que a la postre harían divertir a millones de hispanoamericanos.

El Chavo del Ocho

Cuando Roberto Gómez Bolaños creó el personaje El Chavo del Ocho lo tuvo todo en cuenta: cómo reaccionaba (cómo tenía que reaccionar), cómo se reía (cómo tenía que reírse), la manera de hablar (cómo tenía que hablar), de hacer travesuras (cómo tenía que hacer sus travesuras), su inocencia y su encanto (cómo tenía que manifestar su inocencia y su encanto); es decir, todo lo que hace querible a un niño pobre de un barrio humilde. La vestimenta, la manera de caminar, de jugar, de hablar, de gesticular, hacían de este niño un personaje creíble cuya transparencia y candidez estaban provistos de una gran ternura. Los libretos, cuidadosamente elaborados, buscaban mostrar cómo actuaban y se desenvolvían los personajes que habitaban la vecindad. Escenario principal era el patio, lugar donde transcurría la mayor parte de las historias de este notable observador de las costumbres de los vecinos del lugar.

Doña Florinda era uno de los personajes principales cuidadosamente personificado con realismo y gran capacidad actoral por la notable actriz Florinda Mesa. Quico, el niño incorregiblemente caprichoso y sobreprotegido cuya vestimenta y caracterización lo harían uno de los favoritos de todos los niños que gustaban de sus berrinches, influyó tanto en sus admiradores que no tardó mucho tiempo en engrosar la cantidad de niños que lo imitaban, algunos casi hasta llegar a la perfección. La Chilindrina, personaje creado con un gran espíritu observador, estaba perfectamente consustanciado de cuál era el mensaje y a quién iba dirigido. El físico aniñado de esta consagrada intérprete, más la voz la harían creíble bajo todo punto de vista. ¿Su nombre? María Antonieta de las Nieves. Don Ramón, para mí el más destacado de los hermanos Valdés. A pesar de las caras graciosas y los gestos fabricados por «el loco», no llegó a superar a don Ramón. Lo mismo pasó con Tin-Tan. Excelente comediante, héroe de tantas películas cómico-musicales en las que cantaba y bailaba vistiendo a lo pachuco, de pantalón grande arriba y angosto abajo, saco hasta la rodilla con dos hileras de seis botones a cada costado, moño exagerado y sombrero de ala ancha con que adornaba su cabeza, vestimenta hecha conocida en los años cuarenta por el cantante Cab Galloway, quien creara el tema «Mini la oportunista» en el Cotton Club. A pesar de todo esto, don Ramón era el mejor.

El señor Barriga (también Ñoño y el Botijas) era interpretado eficazmente por el actor de primera categoría de nombre Edgar Vivar. Su personalidad y versatilidad para cambiar de personaje eran ejemplo de profesionalismo y calidad. El profesor Jirafales, actor notable de voz personal hacía una espléndida contrafigura con Chespirito. Este actor, llamado Rubén Aguirre, medido en sus gestos y de ninguna manera desbordante a pesar de su tamaño y altura fue el soporte donde se apoyaban las graciosas pretenciones de Gómez Bolaños. La Bruja del 71 y don Jaimito, el cartero acompañaban con gracia y profesionalidad logrando su cometido de complementar al grupo en su totalidad para entretener y divertir. Por eso, mi querido amigo Roberto Gómez Bolaños, usted ha sido uno de los hacedores más notorios del espectáculo artístico de los últimos cincuenta años, poniendo de relieve su amor por el prójimo, especialmente por los niños que le dicen: ¡Muchas gracias!

Humor venezolano

Si usted quiere conocer el humor de un país puede hacerlo de diferentes maneras: yendo a un cinematógrafo a ver una película cómica local, o a un teatro a ver una comedia con historias que reflejen auténticamente el humor de esa región, o si no, viendo programas cómicos de televisión donde descubrirá una galería de personajes ricos en matices del humor autóctono. O busque la chance de entremezclarse con el pueblo en un estadio de fútbol, en los mercados, en el puerto o en algún otro sitio donde abundan los vendedores callejeros. Le aseguro que esta experiencia le será inolvidable. Al cabo de unas horas, se verá invadido por cuentos, dicharachos, sobrenombres, donde no faltará la broma al político de turno y un sinnúmero de modismos y comparaciones con lo cual usted, si no tiene a mano una grabadora, se sentirá arrepentido de no haberla llevado para registrar una de las usinas donde van a cargar sus pilas algunos de los autores, escritores, periodistas e intelectuales de esa región.

Algo así me pasó en Venezuela, donde el humorismo del pueblo sobrepasa los límites normales, donde en cada venezolano usted encontrar'a a un humorista en potencia. Esa experiencia se hizo realidad un día en que el célebre artista Simón Díaz, famoso por sus gaitas y por ser el autor de *Caballo viejo* tema que rompió todos los récords de ventas en América nos homenajeó a Olmedo y a mí dándonos una comida en su casa.

Entre los invitados había productores de cine y televisión, empresarios, directivos de Bolivar Films, gente de Venevisión y algunos militares y políticos. ¡Contarles lo que me he reído con los que no eran comediantes sería poco!

Esa tarde, los invitados que no eran, precisamente los comediantes, sacaron su arsenal de cuentos y chistes unos más buenos que otros. Fue un duelo de titanes del humor con que nos asombraron por su natural espontaneidad. Profesionalmente, uno de los éxitos más larsgos de la comicidad venezolana fue el inolvidable programa «Radio Rochela». Recuerdo con admiración a don Gollo Repollo, a Napoleón y al inimitable Joselo, pero el cómico que me hizo reír más fue Virgilio Galindo, «Ruyío» con quien tuve el gusto de trabajar en el teatro Altamira en una comedia que hicimos con Alberto Olmedo titulada *Clota y Carlota, los tíos de Carlos*. Nos divertimos tanto o más que el público. Si en vez de pagarnos por trabajar nos hubvieran cobrado, habrían estado en todo su derecho. ¡Viva Venezuela!

Por la espalda

Soldado: Mi capitán. Tengo una mala noticia que darle.

Capitán: Diga usted, soldado.

Soldado: Murió el sargento González.

Capitán: ¿Cómo ocurrió, soldado?

Soldado: Cuando terminaba de mandar el mensaje ¡Sin novedad en el frente! Lo mataron por la espalda.

Estudiar en Inglaterra

Un soldado frente al pelotón de fusilamiento.

Capitán: Soldado Pérez, antes de morir, ¿cuál es su último deseo?

Soldado: ¿Puedo pedir un deseo?

Capitán: Pida usted, que lo que pida le será concedido.

Soldado: ¿En serio?

Capitán: Así es, soldado. Lo que pida le será concedido.
¿Cuál es su último deseo?

Soldado: ¡Ir a estudiar Arquitectura en Inglaterra!

Paciente

Un paciente yace en la cama de un hospital. Entra el médico de guardia, se acerca al paciente y le dice: «¡Ah, bandido! ¿Con que agonizando, eh?»

Mucho dinero

Un cirujano entra en una sala de primeros auxilios donde un hombre yace tendido en una camilla.

Cirujano: ¡Rápido, enfermero! ¡Hay que operar a este paciente de inmediato!

Enfermero: ¿Qué tiene?

Cirujano: ¡Dinero, mucho dinero!

Humor brasilero

Grande Otelo

Uno de los más importantes actores cómicos que ha dado Brasil es Grande Otelo. De estatura pequeña, dueño de unos ojos vivaces de movimientos rápidos y nerviosos, con sus monólogos ejercía una atracción y seducción en su público pocas veces vista. Desde su aparición en el escenario, tanto en teatros como en clubes nocturnos divertía desde el comienzo hasta el final a quienes le seguían fielmente tanto como a los turistas ocasionales que pasaban por Río de Janeiro. Nuestro pequeño héroe del humor, personaje central de *Nacumaíma*, la película que lo lanzó al estrellato no era solamente un cómico sino que era un actor en toda la extensión de la palabra. Su experiencia de tantos años quedaba demostrada en uno de sus papeles predilectos: el de periodista.

Lo vi actuar en el club nocturno «Fredes» de Copacabana. Esa noche, Grande Otelo hizo la parodia en la que representaba a una turista estadounidense que todo lo confundía. Hasta creía que la capital de Buenos Aires era Río de Janeiro y que quería aprender a bailar el tango, la cucaracha, esa que no podía caminar y así por el estilo, enredo tras enredo, confusión tras confusión. Sus dotes histriónicas, más su habilidad para improvisar sobre la marcha eran tan efectivas que si un espectador volvía a ver el mismo espectáculo al otro día, se encontraba que Otelo lo había cambiado todo.

Su vida estuvo llena de éxitos conseguidos gracias a la forma en que amó su profesión, lo que hizo de Otelo un grande. Grande Otelo.

Joao Soares

Cada vez que yo salía del teatro siempre había una cantidad de público, formado tanto por argentinos como por turistas extranjeros de toda América esperándome en la puerta de salida de los actores. Eran personas que me conocían gracias a las películas que filmé con Alberto Olmedo durante tantos años. Siempre me encontraba allí con chilenos, uruguayos, peruanos, ecuatorianos y venezolanos, pero lo que más me llamaba la atención era que siempre había esperándome turistas brasileros. Muchas veces, después de saludarme y felicitarme, me decían que me parecía mucho al comediante número uno de los Estados Unidos del Brasil. Su nombre era Joao Soares.

Joao Soares era un muchacho gordo que actuaba, cantaba y bailaba. La historia se repetía semana a semana: casi siempre había brasileros esperándome que me decían de mi gran parecido con Joao Soares. En cierta ocasión, estando de paso por Río de Janeiro por solo tres días, me acordé de Joao Soares. Tomé un taxi que me llevó hasta el teatro donde trabajaba, me fui derecho a la boletería. Tuve que hacer una cola de media cuadra. Después de esperar más de media hora llegué a la boletería y se produjo el siguiente breve diálogo con el boletero:

Yo: ¿Me da un boleto para ver a Joao Soares?
Boletero: ¿Para qué mes quiere?

Al principio creí que era una broma, o que el boletero no había entendido, pero no era ni una broma ni que el empleado no me haya entendido. Lo que ocurría era que efectivamente no habían entradas sino para el mes siguiente, y de ahí para adelante. Así que me quedé sin ver a Joao Soares de cuerpo presente. Tuve que conformarme con admirarlo en la fotografía que había en la puerta del teatro. Desde la vereda de enfrente se veía en la marquesina anunciada la obra que presentaba, cuyo título era: «Venga a ver a un gordo antes de que adelgace».

Viuda de García

Un cirujano sale del quirófano tras practicar una delicada operación. Le sale al encuentro la esposa del paciente:

Señora: Doctor, soy la esposa del paciente al que usted acaba de operar. ¿Cómo resultó la operación?
Cirujano: ¡Oh! ¿Usted es la viuda de García?

Seis meses

Señora: Dígame, doctor, ¿cómo se encuentra mi marido?
Doctor: ¡Tiene seis meses de vida!

La señora llora desconsoladamente.

Doctor: ¡No llore, señora! ¡Seis meses pasan volando!

No tanto

Dentista: Señora, por favor, abra bien la boca... ¡No tanto, que yo trabajo desde afuera!

Prefiere un café

Un cordobés entró en una cafetería. Se sentó y preguntó al mozo:

Cordobés: Dígame, ¿la leche que venden aquí es pura?
Mozo: ¡Tan pura como la mujer de sus sueños!
Cordobés: Entonces, tráigame un café.

Humor colombiano

El comediante Montecristo

Estábamos de gira con Olmedo por los Estados Unidos. Ya habíamos actuado en Miami y Nueva York con un éxito tan grande que ni nosotros lo podíamos creer. Esa mañana nos levantamos temprano para ensayar un poco cuando nos dieron la noticia que uno de los cantantes que actuaba en nuestro espectáculo estaba con angina. En seguida dije que buscaran a otro cantante que lo reemplazara. A la tarde, después de almorzar, nos fuimos en dos limosinas para Nueva Jersey, lugar donde actuaríamos esa noche.

Estábamos en pleno invierno. Cuando llegamos a Nueva Jersey nos dirigimos de inmediato al teatro. Al querer bajarnos de la limosina el frío era tan grande que de un salto nos volvimos a meter y cerramos la puerta. Ahí nos quedamos, mirándonos las caras y sin saber si reír o llorar. Pregunté cuántos grados había. Me contestaron que seis bajo cero. «Con razón», dije. La limosina estaba a unos diez metros de la entrada al teatro. Empezó a nevar y con ello la temperatura pegó otro brinco hacia abajo. No podíamos quedarnos todo el día ahí así es que tomamos una decisión de valientes. Bajarnos. Corrimos kilómetros entre la nieve, cuidando de no caernos y el tener que sortear varios automóviles que estaban estacionados justo en nuestro camino. ¡Qué largos se nos hicieron esos diez metros! Olmedo, que no abandonaba su lugar al lado mío, riéndose, me decía: «¡Qué dinero duro, eh! ¡Y después dicen que los cómicos la ganan fácil!» Pepe Parada, que nos estaba esperando adentro, nos preguntó por qué teníamos esa cara.

Yo: ¡Porque con este frío fue la única que pudimos encontrar! A propósito, ¿consiguieron el cantante?»

Pepe Parada: No, pero conseguimos un cómico.

Yo: ¿Y es bueno?

Pepe Parada: ¡No sé!

Yo: ¿Y cómo se llama?

Pepe Parada: Montecristo.

Olmedo: Si es el conde, debe de estar viejito.

Yo: ¿Por qué no conseguiste un trío con el nombre de Los tres mosqueteros que cantara boleros?

Pepe Parada: No se rían, que a mí me dijeron que era muy bueno.

Olmedo: ¿Lo podemos conocer?

Pepe Parada: No.

Olmedo: ¿Cómo que no?

Pepe Parada: No lo pueden conocer porque no está. Y no está porque trabaja en otro lugar y va a llegar media hora antes de la función.

Llegó el momento de comenzar y Montecristo no había aparecido. Salimos a hacer el primer sketch. Al finalizar, preguntamos por Montecristo. Seguía sin llegar. Nos estábamos cambiando, cuando Olmedo dice:

Olmedo: ¡Parece que el conde no viene!

Yo: ¿Sabés lo que pasa? Hasta que el conde logre salirse de la bolsa, comience a nadar, sortée a uno que otro tiburón, llegue a la orilla y consiga un taxi va a pasar más de una hora.

En eso, empezamos a escuchar al público que se reía de manera inusitada. Eran explosiones de carcajadas. Hacía tiempo que no escuchábamos reír así.

Olmedo: ¿Qué le pasará a esa gente? Porque para reírse de esa manera...

Yo: Lo más extraño es que nosotros estamos aquí.

En eso entró Pepe Parada:

Pepe Parada (respirando hondo): ¡Llegó Montecristo!

Fuimos corriendo con Olmedo a verlo desde un costado del escenario. Montecristo no era bueno. Era buenísimo. Le dije a Olmedo:

Yo: ¡Parece que este hace reír más que una pareja que conozco yo!

Olmedo: ¡Nos hubiera convenido más el cantor!

Esa noche, después de terminar la función, uno de los empresarios entró al camarín diciéndonos:

Empresario: ¡Apúrense, muchachos que vamos a comer a lo de Burt Lancaster!

Olmedo: ¿A lo de quién?

Empresario: A lo de Burt Lancaster. Tiene un restorán a diez minutos de aquí.

Yo: ¿Así que Burt Lancaster, eh? ¿Quién cocina, Elizabeth Taylor?

Empresario: ¡En serio, muchachos, apúrense que Burt Lancaster nos está esperando!

En eso pasó por allí el técnico de sonidos.

Técnico de sonido: ¿Y? ¿Vienen a lo de Burt Lancaster?

Olmedo (dirigiéndose a mí): ¡Parece que esto va en serio!

Subimos a la limosina y después de un breve recorrido llegamos a un restorán llamado «El hornero». Uno de los camareros nos vino a abrir la puerta de la limosina. Después de saludarnos nos dijo que nos estaba esperando Burt Lancaster. Ocupamos, toda la Compañía, una mesa grande. Apareció el cocinero y nos saludó a todos:

> *Cocinero*: Buenas noches. Mi nombre es Burt Lancaster y quiero decirles que esta es su casa.

¿Qué había pasado? Que el cocinero, que era argentino, al adoptar la ciudadanía estadounidense había hecho uso del derecho que le concede la ley de cambiarse nombre y decidió llamarse, de ahí en adelante, Burt Lancaster. Esa noche, Montecristo contó cuentos hasta la una y media de la mañana. Si no lo paramos, todavía estaríamos allí, riéndonos con sus cuentos.

Mujer inteligente

> *Esposa* (dirigiéndose a Manolo, su marido): Querido, ¿qué prefieres? Una mujer inteligente, una mujer simpática, una mujer prudente o una mujer bonita?
> *Manolo*: A ninguna. Te prefiero a ti.

Exactitud

> *Manolo*: ¡Mi general! ¡Mi general! ¡Vienen los indios!
> *General*: ¿Cuántos son?
> *Manolo*: Unos 3002.
> *General*: ¿Cómo sabes que son 3002?
> *Manolo*: Porque adelante vienen dos y atrás deben venir unos tres mil.

Inocencia

> *Pepe*: Señor juez. Soy inocente en el robo de una gallina de que se me acusa.

202 El humor y yo

Juez: ¿Se puede saber por qué no ha aceptado que lo defienda un abogado?

Pepe: Porque yo sé defenderme muy bien solo.

Juez: Que pase el primer testigo.

Pepe: Manolo, dile al señor juez y a los miembros del jurado dónde estaba yo cuando entramos a robar una gallina.

Humor peruano

Tulio Losa

Comediante innato, respetado y querido comediante, Tulio Losa ha sabido granjearse el afecto y la admiración del público peruano. Su humor inteligente, a veces inocente y otras corrosivo, ha hecho reír a mandíbula batiente a varias generaciones con sus ocurrencias y grracia natural. Su manera de ver las cosas simples de la vida más su habilidad de bucear en y extraer lo mejor de cada personaje elegido ha hecho que se transforme en especialista del humor político, renglón este que le da seguramente temas renovados día a día. Porque eso es lo que hace un político con sus decisiones algunas veces equívocas y otras erróneas, salvo las desastrosas que son las más comunes.

Durante años y años los políticos, desde los concejales hasta los presidentes han sido sin darse cuenta los autores de los libretos con que los humoristas han hecho reír a cientos de miles de ciudadanos. Porque un político, incluso durmiendo es más peligroso que un mono con navaja.

Dos veces

Es de noche. Manolo y su esposa están durmiendo. Suenan dos campanadas: tan-tan. La esposa de Manolo le pregunta a este:

Esposa: ¿Qué hora es?

Manolo: Es la una, mujer.

Esposa: ¿Estás seguro?

Manolo: Claro, mujer, si la he escuchado dos veces.

Infraganti

Un catalán entra a un bar. Pide un whisky. Cuando se lo sirven dentro del vaso cae un mosquito. El catalán toma al mosquito de una ala y le dice: «Así te quería agarrar. Andá. Ahora vomitá todo lo que te has bebido».

Examen

Manolo y Pepe leen un aviso en el periódico pidiendo empleados administrativos para una empresa importante. Se dirigen a la empresa, se anotan y se sientan a esperar que los llamen. Se abre una puerta y el examinador dice: «¡El que sigue!» Se levanta Manolo, entra al despacho del examinador, se sienta frente al escritorio y el examinador le pregunta.

> *Examinador*: ¿Qué es una cosa que se vende de a pares, casi siempre son de cuero, se ponen en los pies y sirven para caminar?
> *Manolo* (pregunta): ¿Llevan cordones?
> *Examinador*: Sí. Llevan cordones.
> *Manolo*: Son zapatos.
> *Examinador* (satisfecho): ¡Muy bien! ¡Queda usted contratado!
> *Sale el examinador y grita*: «¡El que sigue!». Pepe se pone de pie y se dirige a la oficina del examinador. Manolo, al pasar al lado de Pepe, le dice con un susurro: «Son zapatos».
> *Examinador* (dirigiéndose a Pepe que se ha sentado frente al escritorio): ¿Qué es una cosa cuadrada, casi siempre de madera, que tiene cuatro patas y que la gente la usa para comer?
> *Pepe* : ¿Lleva cordones?
> *Examinador*: No. No lleva cordones.
> *Pepe*: Entonces son mocasines.

Humor uruguayo

Wimpi

Muy pocos autores han fotografiado al ser humano por dentro de la manera que lo hacía Wimpi. En sus monólogos sobre el hombre, Wimpi se preocupaba por los diálogos y las conversaciones que el hombre sostenía con su corazón, su conciencia y sus pensamientos. Narraba con inteligencia y sencillez lo que un hombre piensa desde que se levanta por la mañana hasta que se acuesta por la noche. El hombre en el baño, El hombre en el ascensor, El hombre en la calle, El hombre en el trabajo, El hombre en un banco, El hombre en el ómnibus, El hombre en su casa. Contaba en una forma tan simple e ingeniosa lo que él pensaba de todo lo que rodea al hombre que quien lo escuchaba no podía sino sonreír, reír y, sobe todo, pensar. Porque no todos los humoristas escriben mirando para adentro. Los pensamientos, análisis y conclusiones a los que llega el hombre común era puesto de manifiesto por Wimpi en una forma tan graciosa y tan real que quien lo escuchaba no dejaba de mirar hacia su interior como quien pone su alma frente al espejo.

Wimpi no escribía para un público elitista ni para un público fácil. Lo que buscaba era enfrentar al hombre con su realidad cotidiana. Uno de sus éxitos más grandes fue la genial descripción de los personajes que intervenían en el programa radial «Gran pensión Las Margaritas». Describía con tanto realismo los pormenores de lo que ocurría en esa pensión que parecía fantasioso en extremo. Pero como dice el dicho que la realidad supera a la ficción, Wimpi no se equivocaba al querer demostrar que en la vida todo es posible. La situación más festejada por el público radioescucha era la de una madre que tenía un bebé de dos meses. Esta mujer era una de las tantas madres que exaltan con exageración las supuestas virtudes de sus hijos haciéndolos aparecer como genios. Y lo hacen con tal convencimiento que no les cuesta nada caer en el ridículo más completo. Uno de los pensionistas se acerca a la señora y se desarrolla el siguiente diálogo:

Pensionista: ¿Cómo está, señora? ¡Qué lindo está su bebito!

Bebito: Du gla du.

Madre: ¡Qué amor! ¿Escuchó lo que dijo?

Pensionista (extrañado): ¿Qué dijo?

Madre: Lo que dijo fue: ¿Quién es este señor?

Pensionista: ¿Eso dijo?

Madre: ¡Por supuesto que eso fue lo que dijo! Si no me cree, escuche... A ver, mi amor, decile al señor cómo te llamás.

Bebito: Tla la gu la.

Madre (entusiasmada): ¿Escuchó? ¿No le parece genial?

Pensionista: ¿Qué dijo?

Madre: Dijo: Mi nombre es Jorge Raúl Gonzalo de la Riestra.

Pensionista (más extrañado aún): ¿Eso dijo?

Madre: ¡Eso no es nada! A ver, Jorgito, decíle al señor en qué calle vives.

Bebito: Tu, tu.

Pensionista: ¿Me quiere decir, señora, qué dijo ahora?

Madre: Dijo: Yo vivo en la calle Martín Rodríguez 1615 de la Capital Federal.

Pensionista: Perdone, señora, pero yo no le entiendo nada.

Bebito: Du du gla dú.

Madre (sorprendida): ¡No! ¡Eso no se dice! ¡Que sea la última vez que le decís eso al señor...! Perdónelo, pero mi hijo repite todo lo que escucha! (Dirigiéndose al bebito): Ya nos vamos así es que saluda al señor.

Bebito: Du.

Madre: Mi bebé está fatal. ¡Dice cada cosa! Chau, don José.

Don José: Du du gla du du gla.

El ingenio de Wimpi era tan fino que el solo escucharlo hablar era un lujo. Sus pensamientos contenían diversos matices que iban de lo común a lo excelso. Sus últimas palabras fueron: «Du du la du».

Juan Verdaguer

Hace 40 años, la vida nocturna de Buenos Aires ofrecía una gran variedad de espectáculos y entretenimientos para aquellos que buscaban divertirse. La calle Corrientes estaba llena de restoranes, de discotecas, teatros, clubes nocturnos con *shows* internacionales y de decenas de librerías que permanecían abiertas durante toda la noche. Había de todo y para todos los gustos, sin contar la gran cantidad de bares, pizzerías y lecherías donde se comían los más deliciosos churros madrileños con una taza de chocolate caliente que en el invierno era capaz de resucitar a un muerto.

En el Teatro Apolo estaba actuando como figura central el actor Pablo Palitos en la comedia «Detective» donde encarnaba a seis personajes distintos. En el Teatro Nacional esaba Narciso Ibañez Menta, en el Teatro Maipo, Castrito y Dringue Farías, en el Teatro Comedia, sito en la calle Paraná a 20 metros de Corrientes estsaba la compañía de revistas de Blanquita Amaro, Alberto Anchart y un cómico uruguayo llamado Juan Verdaguer. Mis amigos y yo tuvimos que hacer una fila de media cuadra para sacar los tiquetes, pero como el boletero era amigo de mi padre me consiguió tres entradas en primera fila. El espectáculo era excelente. La coreografía, el vestuario, la música y el trabajo de los artistas daban vida a un *show* de primera calidad. Después de un cuadro musical apareció un hombre de baja estatura, delgado, con un violín bajo el brazo. Detrás de él venían dos personas trayendo una escalera de una sola hoja de aproximadamente tres metros de alto. Verdaguer, después de unos cuantos chistes subió la escalera. Cuando llegó al último escalón se sentó en él y comenzó a tocar el violín ante el asombro y la complacencia de todos.

Juan Verdaguer tenía la particularidad de contar con un arsenal de cuentos muy graciosos y finos cuya picardía no molestaba a nadie. Su estilo muy particular lo hacían un comediante distinto.

Después de una tournée por los Estados Unidos que duró más de dos años regresó a Buenos Aires debutando en varios *shows* de distintos canales de televisión. Fue copiado, imitado pero nunca igualado.

Su personalidad y señorío pusieron siempre de manifiesto su estatura de señor del humor. Dentro de sus logros se encuentra la destacada actuación como protagonista del film «Rosaura a las diez». Juan Verdaguer nació, vivió y murió como lo que era, un caballero.

Tarjetas personales de negocio

Al terminar de actuar en un céntrico y elegante hotel, Verdaguer se dirigió al público con estas palabras: «Estoy muy agradecido que hayan venido esta noche y se hayan divertido viéndome trabajar. Cuando se vayan, les voy a rogar que me dejen sus tarjetas personales de negocio en la recepción del hotel, así, cualquier día de estos, yo tendré el gusto también de visitarles y reírme un poco viéndolos trabajar a ustedes».

Juan Carlos Mareco («Pinocho»)

Qué difícil a la vez que honroso es presentar y contar las vivencias, las actuaciones, los éxitos en lo artístico y en lo personal de alguien que, sin conocerme, se dignó escucharme, elogiarme y recomendarme al director del programa radial de más éxito durante muchos años en la Argentina: «La revista dislocada». Cuán difícil se me hace hablarles de lo grande de su corazón, de sus tantas virtudes, de su inmensa bondad. Cuán difícil se me hace contarles de la calidad artística y humana, que siempre fueron juntas, de la mano del comediante más grande y exitoso que haya dado la República Oriental del Uruguay. Así fue y es Juan Carlos Mareco, un hombre en el exacto sentido de la palabra.

Triunfó en todo lo que se propuso. Siempre el número uno en radio, teatro, televisión, cine y tantos otros espectáculos. Porque mucho de lo que fui en mi carrera se lo debo a él, mi amigo, mi hermano, mi padrino artístico.

Nació en Carmelo, Uruguay, la tierra de Figari, uno de los pintores más representativos del Río de la Plata; de Claudio Martínez Paiva, de Juan D'Arienzo, de Santiago Arrieta, de Santiago Gómez Cou, del Pardo Abadie, del Pepe Sasía, de Enzo Francescoli, de Razzano, de

Leguisamo, del Canario Luna, de Solé, de Julio Sosa, de Jaime Ross. Payador, cantor, conocedor del folclor latinoamericano, uno de los creadores más fieles que tuvo Hilario Cuadros, creador e imitador de múltiples personajes, se ganó el corazón de los argentinos hace muchos años. Con el famoso *sketch* del sepulturero que al final preguntaba: «¿Y su amigo?» a lo que Pinocho remataba con «¡Azul quedó!» batió el récord de teleaudiencia del Canal 13.

Como presentador y entrevistador fue un éxito rotundo. Su amabilidad, respeto y talento eran muestra cabal de otras de las virtudes que tenía como comunicador radial, don del humor y buen gusto eran evidentes en su quehacer artístico. Hoy sigue trabajando con el mismo fervor y profesionalidad que siempre distinguió a este noble muchacho que no se sabe si es un uruguayo que nació en Argentina o un argentino que nació en Uruguay.

Telecataplum

Llegaron de Montevideo, Uruguay a Buenos Aires con las maletas llenas de ilusiones. En el pasaporte, aparte de la nacionalidad, nombre y otros datos creo que se podía leer con grandes letras, la palabra TALENTOSO. Y se quedaron cortos, porque la atención y curiosidad que habían despertado en el público argentino, inclusive entre los actores locales superó todas las expectativas.

Eran diferentes a todo lo visto hasta entonces. Originales, novedosos, profesionales mil por mil. Fueron a triunfar, y triunfaron. Todo el mundo hablaba de ellos. La crítica los elogiaba con justicia. Cada personaje era una puñalada al aburrimiento, cada chiste era un balazo a la tristeza.

Estos cultores del buen humor, nuevos arquitectos de la gracia rioplatense traían la frescura de lo amateur y la solidez y experiencia acumulada en su país natal. Espalter, Almada, Emilio Vidal, Andrés Redondo, Jenny Trailes, Raimundo Soto, el Gordo Frades, Eduardo D´Angelo y Berugo Carámbula conocían a la perfección con los bueyes que araban la difícil tierra del humor.

En poco tiempo lograron un gran éxito que les duró por muchos años. Miles y miles de personas los recuerdan todavía con cariño y admiración.

Humor cubano

A los pocos días de haber debutado en el Canal 13 de Buenos Aires fui advirtiendo que gran porcentaje de los músicos, técnicos y ejecutivos anque el propietario eran todos cubanos. Eran alegres, amistosos y sobre todo al hablar de cualquier tema lo hacían con una gracia muy particular. Después de mi debut almorzaba todos los días con los músicos cubanos. Mi director era un cubano al que le decían cariosamente el Caballo Miranda. Mi productor, el cubano Jorge Ignacio Valliant y mi gran amigo, el Dr. De Juan, también cubano y ejecutivo del canal.

Hacía un año que yo trabajaba allí y todas las tardes, después de los ensayos, me encontraba con Pepe Biondi, gran cómico argentino y gran ser humano. Pepe fue a Cuba a trabajar solo unos meses y se quedó muchos años. En muy poco tiempo se metió en el corazón de los cubanos y los cubanos en el corazón de Pepe. Con él y el Caballo Miranda, entre café y café compartimos muchísimas tardes en las que me contaban historias, anécdotas y costumbres que hacían que yo sintiera cada día más interés por esa tierra tan linda y hospitalaria que era Cuba. Me contaron de sus playas, de Varadero, de los *shows* en los clubes nocturnos como el Tropicana por donde habían pasado infinidad de artistas internacionales; de sus teatros, de Ernesto Lecuona y su música, de Chacumbele que él mismito se mató, de la Sonora Matancera, de la orquesta Aragón, del apóstol José Martí y de muchos personajes más que hicieron la historia de la cultura de un pueblo tan querible como el cubano.

Hacía poco que el Caballo Miranda me había presentado a dos colosos del arte musical cubano: Rolando Laserie y Olga Guillot. Me parecía mentira estar hablando con esas figuras tan importantes. Tomando café por largas horas, saltaban de un tema a otro hasta que Pepe Biondi y el Caballo Miranda empezaron a hablar de algo que me interesaba especialmente: el humor cubano. En seguida vinieron a sus mentes los nombres de Piñeiro y Garrido, dúo excepcional de cómicos en el que Alberto Garrido y Alberto Federico Piñeiro personificaban a un mulato y a un gallego. Los temas eran los que comúnmente se hablaban en las esquinas de La Habana. Política, béisbol, amores contrariados, conquistas, música, cantantes, en fin, los temas que se hablan en cualquier calle de cualquier país del mundo.

Estos dos actores, rápidos para la réplica no solo sorsprendían al espectador sino que también se sorprendían entre ellos mismos, logrando un clima de complicidad con el público.

Lo mismo pasaba con Pototo y Filomeno, personificados por Leopoldo Fernández y Aníbal de Mar.

Estos dos artistas excepcionales en su espontaneidad y su talento para la improvisación lograban eficazmente su objetivo: hacer del público lo que querían. Otro de los éxitos conseguidos por ellos dos en teatro, radio y televisión fue *La tremenda corte*, donde Leopoldo Fernández personificaba a un simpático y hábil manipulador de situaciones graciosas llamado José Candelario Tres Patines.

Tres Patines era siempre acusado de estafa por el gallego Rudecindo Caldeira y Escobiña, personificado por Adolfo Otero, con Luz María Nananina, una gallega cuyo papel era jugado por la actriz Mimí Cal. Y Aníbal de Mar, en el papel del juez de la tremenda corte. Los libretos de este *sketch* estaban escritos de manera tan inteligente que en la actualidad logran, en Radio Mambí, el mismo suceso después de más de veinte años de haber sido grabados.

Uno de los cómicos sobrevivientes de aquella época es el actor Alvarez Guedes, quien fuera estrella del *show El cabaret de la alegría* donde actuó con prestigiosos artistas internacionales. Alvarez Guedes, considerado uno de los mejores monologuistas, continúa llenando los teatros con un público que lo siguen fielmente.

Este último espacio quiero dedicárselo a mi amiga, la notable actriz cubana Sandra Haydée, cuya comicidad ha hecho reír antes y ahora con la misma eficacia de siempre.

Humor chileno

Japening con Ja

Cuando entré al *set* del Canal 13 a grabar Japening con Ja me pasó lo mismo que ya había experimentado cuando entré por primera vez: sentí el calor y la cordialidad de la gente que me saludaba a mi paso. Desde los porteros y los obreros pasando por los técnicos y artistas todos me saludaban haciéndome sentir como si estuviera en mi propia casa. Gente que no me conocía personalmente me saludaba con un «¡Hola, Jorge!», «¡Chao, Porcel!», «¡Hola, Guatón!» y otras cosas terminadas en ón.

La sala de maquillaje es el corazón de todo canal de televisión. Ahí se dan citas todas las figuras de los elencos que están grabando en los diferentes *sets*.

En la sala de maquillaje del Canal 13 había actores y maquillistas discutiendo de fútbol, una actriz que le preguntaba a la otra cómo estaba su nena, todo mezclado con risas y chistes. Aquello me aseguraba que estaba en el lugar indicado. Cuando entré, todos dejaron lo que estaban haciendo para venir a saludarme y lo hicieron con tanto cariño que me causaron una verdadera alegría. Me sentía feliz allí. Muy feliz. Hasta que llegó Eduardo Ravani, uno de los mandamás, y me llevó a conocer al director de cámaras. El personaje que yo tenía que actuar era un señor de apellido Petete, gerente general de una empresa. Mientras leíamos los libretos fui conociendo uno a uno a los integrantes del elenco. Después me mostraron el *set* y a la media hora comenzamos a grabar. Todo estaba en orden. Primero hicimos tres ensayos con cámaras. Me di cuenta que estaba trabajando con comediantes de primera. Cada uno representaba su papel con tanta eficacia que no paramos de reír. Así pasamos todo el día, entre chiste y chiste, como el caso del flaco Alarcón, comediante que le sacaba partido a cada detalle. Otro de los personajes más queridos por el público chileno que lo ha hecho uno de sus actores preeferidos es el Pato Torres. El aporte de Jorge Pedreros, notable actor y parodista musical le daba jerarquía con su talento al programa. Gladys del Río, Marilú Cuevas y Maitén Montenegro se lucían poniendo su experiencia y simpatías al servicio del esfuerzos que todos hacían para alcanzar el éxito final.

Gloria Benavides

Muy pocas veces se da el caso de una mujer que sea tan polifacética como Gloria Benavides. Actriz de comedia, cantante, bailarina, inteligente, respetuosa, buena compañera son los dones que caracterizan a esta excelente artista cuya dulzura es tan grande que con un solo beso puede dejarlo a uno diabético para toda la vida. Todo lo hace bien y si alguien cree que estoy exagerando la nota le digo que me quedo corto. Gloria Benavides ha logrado acaparar la admiración del público chileno con su máxima creación «La cuatro dientes» («La cuatro») haciendo gala de un fino humorismo que la ha llevado a ocupar un lugar de privilegio en el corazón de millones de telespectadores de toda América triunfando como uno de los pilares del programa «Sábado gigante» que dirige el creador de éxitos Don Francisco.

Coco Legrand

Este eximio comediante chileno y excelente profesional es una de las figuras cumbres del humorismo de Chile. Sus actuaciones personales lo han hecho merecedor que se le distinga con el título de Caballero del Humor, pues eso es lo que es: un gran caballero dentro y fuera del escenario. Su amplia gama de recursos ha sido puesta de manifiesto en todas sus actuaciones en los más variados escenarios de América.

Tuve el honor de trabajar con él en cine y televisión. En televisión, en el show de Gloria Benavides donde estuve como actor invitado y canté a dúo con Gloria en un *set* que era el sueño de todo artista. La moderna escenografía realizada con grandes escaleras y prolijos detalles lumínicos hechos por artesanos conocedores de su oficio, más la gran orquesta conducida por el maestro Horacio Saavedra eran el marco ideal para la realización de un gran *show*. Fue impresionante ver de pronto a Coco Legrand bajando por una de las escaleras, ataviado con un smoking todo blanco, acompañado de un perro del mismo color, cantando con una solvencia que nunca me hubiera imaginado. Entonado y con un magnífico color de voz cantó una canción llena de ternura y nostalgia que nos impactó a todos los allí presentes.

Humor argentino

Luis Sandrini

El nombre completo de Luis Sandrini era Luis Santiago Sandrini Lagomarsino. Había nacido en Buenos Aires el 22 de febrero de 1905. Era hijo de un actor teatral que había decidido radicarse en San Pedro, provincia de Buenos Aires. Se recibió de maestro pero nunca ejerció. A los 18 años volvió a la capital para integrarse al Circo Rinaldi, donde fue comparsa, payaso y *tony*. Del circo pasó al teatro, integrándose a la compañía de Enrique Muiño y Elías Alippi. En 1933 participó junto con Juan D´Arienzo, Juan de Dios Filiberto, Pepe Arias, Alberto Gómez, Libertad Lamarque y Tita Merello en la primera película hablada, estrenada y hecha en el país, *Tango*, de Moglia Barth.

Sandrini es uno de los actores más representativos del humor argentino y latinoamericano. Igual que Cantinflas, representó el arquetipo humilde, pobre y sensible pero nada tonto. La vestimenta que usaba era una o dos tallas menores que las suyas; eso, unido a un sombrero pequeño y a un ínfimo moñito lo hacían tan gracioso que no pasó mucho tiempo para que otros actores quisieran imitarlo. Su manera de hablar cambiante como sus gestos lo hacían personal y distinto de los demás actores cómicos. Siempre encarnó personajes buenos y tiernos en historias simples y sencillas. Nunca faltaba el primer galán que a la postre conquistara el corazón de la mujer de la que él estaba enamorado. Sus dichos más frecuentes eran: «¡Sos loco vos!», «¡Se cansa uno!» Cuando quería afirmar algo dándolo por entendido, en vez de decir sí, decía repetidamente: «¡Sé, sé, sé?» La actriz María Esther Buschiazo encarnó en una de sus películas a su madre, personaje que emocionó hasta las lágrimas a varias generaciones.

Uno de sus personajes, un muchacho buenote, falto de malicia aunque no de picardía para hacer valer las buenas causas se llamaba –con las variaciones del caso– Felipe. Alguna vez Sandrini dijo: «Todos mis personajes se me parecen porque fui y soy como ellos y, sobre todo, porque mi público era y es así». El día que anunció que archivaba para siempre al personaje Felipe explicó que lo hacía porque en el mundo se había dejado de apreciar el gran valor de las pequeñas cosas.

En 1934 interviene en *Riachuelo* y un año después, con Tito Lusiardo y Benita Puértolas, en *La muchachada de a bordo*.

En 1965, 30 años después de ser estrenada protagonicé con el mismo decorado que se usó en 1934, *La muchachada de a bordo*. Las cosas ocurrieron así: Un día recibí una llamada telefónica que me conmovió. Era un empresario de apellido Carbone que me pedía que fuera a su oficina en el teatro «Francisco Canaro» de la ciudad de Buenos Aires. Cuando nos reunimos, me ofreció poner en cartelera la misma obra que años atrás hiciera Luis Sandrini. Aparte de ser una buena oportunidad fue para mí una responsabilidad grandísima personificar al marinero Roquete que él inmortalizara no solo en el teatro, sino también en el cine con una actuación soberbia. La película *La muchachada de a bordo* fue uno de los éxitos más clamorosos de Sandrini. Una de las más desopilantes escenas ocurre cuando a la hora del almuerzo se le sirve la comida a la tripulación. Uno de los marineros, fastidiado por comer todos los días lo mismo, dice, apartando el plato: «¡Esto en mi casa no lo comen ni los perros!» Sandrini, tomando el plato, le contesta: «¡Trae acá, porque en mi casa, esto no lo comen ni los perros ni nosotros!»

En 1936 filma *Loco lindo* con Sofía Bozán, *Don Quijote del altillo* con Nury Montsé y *El cañonero de Giles* con Luisa Vehil. Después de *La casa de Quirós* de Moglia Barth, en 1937, Sandrini –que se había casado con la actriz Chela Romero– no se olvida de uno de sus maestros y produce ese mismo año *Callejón sin salida*, film que marca el debut de Elías Alippi como director. Un hito singular en su carrera lo marcó en 1944 con la película *Chingolo*, primera obra de importancia en la filmografía de mi amigo Lucas Demare, hermano de Lucio Demare, autor del inmortal tango «Malena».

En 1946 vive un fogoso amor con Tita Merello que duró diez años. Incursionaron en el cine azteca, viviendo dos años en México. En 1948 regresaron a Argentina protagonizando juntos *Don Juan Tenorio* y *Juan Globo*. En los años cincuenta trabaja con Malvina Pastorino, quien sería su última esposa. Actúan juntos en la obra de teatro *Cuando los duendes cazan perdices* y en la película *Payaso*. En 1962 integró el elenco multiestelar de *La cigarra no es un bicho*, de Daniel Tinayre, encarnando el personaje de Serafín. En los años setenta empezó una serie de cintas con *El profesor hippie*, *El profesor patagónico* y *El profesor tirabombas*. Luego vendrían los clásicos de Enrique Carrera. Filmó casi ochenta películas. Yo tuve el honor de trabajar con él en la película *Hoy le toca a mi mujer* en la que encarno a un detective gordo. La película fue dirigida por mi amigo Enrique Carrera. Cuando en 1980 concluyó la filmación de *Qué linda es mi familia* inicia una agonía de dieciséis días que acaba con su vida. Sus films obtuvieron reconocimiento internacional, especialmente en España y las comunidades de habla hispana de los Estados Unidos. En sus últimos años de vida, Sandrini se dedicó a la carpintería y a su familia.

Hizo las siguientes películas: ¡Tango! (1933), El hijo de papá (1933), Los tres berretines (1933), Riachuelo (1934), Loco lindo (1936), La muchachada de a bordo (1936), Don Quijote del altillo (1936), El cañonero de Giles (1936), La casa de Quirós (1937), ¡Segundos afuera! (1937), El canillita y la dama (1938), Bartolo tenía una flauta (1939), Palabra de honor (1939), Chingolo (1940), Un bebé de contrabando (1940), Peluquería de señoras (1941), El más infeliz del pueblo (1941), Secuestro sensacional (1942), Amor último modelo (1942), La casa de los millones (1942), La suerte llama tres veces (1943), Capitán Veneno (1943), La danza de la fortuna (1944), Los dos rivales (1944), El diablo andaba en los choclos (1946), Don

Juan Tenorio (1948), Juan Globo (1948), El seductor (1950), La culpa la tuvo el otro (1950), Payaso (1951), Me casé con una estrella (1951), La casa grande (1952), Cuando los duendes cazan perdices (1954), El barro humano (1954), El hombre virgen (1955), Fantoche (1957), El hombre que hizo el milagro (1958), Mi esqueleto (1959), Un tipo de sangre (1960), Chafalonías (1960), La cigarra no es un bicho (1962), Placeres conyugales (1963), Bicho raro (1965), Pimienta (1966), ¡Al diablo con este cura! (1966), En mi casa mando yo (1967), Kuma-Ching (1969), El profesor hippie (1969), Un elefante color ilusión (1970), La valija (1970), Pájaro loco (1970), El profesor patagónico (1970), Pimienta y pimentón (1970), Mi amigo Luis (1971), El profesor tirabombas (1972), Hoy le toca a mi mujer (1973), Los chicos crecen (1976), Así es la vida (1976), El canto cuenta su historia (1976), El diablo metió la pata (1979), Frutilla (1979), Vivir con alegría (1979), Qué linda es mi familia (1980).

Fidel Pintos

Si usted no lo escuchó por radio ni lo vio en el cine o la televisión, no solo se ha perdido a uno de los más extraordinarios cómicos de la Argentina, sino que tambien se perdió de conocer a uno de los arquetipos más genuinos de Buenos Aires. Porque Fidel Pintos era, por sobre todas las cosas, un porteño fiel a su ciudad, a sus convicciones, a su generación, a sus amigos, a su familia y, por encima de t odo eso, a una línea de conducta que solo se aprende en la calle, en las esquinas, en los cafés, en las noches de billar y generala, con maestros buenos y de los otros. En síntesis, Fidel Pintos era un tango caminando, sorteando claveles y malvones de los viejos patios y corralones de Pompeya y Barracas al Sur. Dios le puso más virtudes que defectos, más alegrías que tristezas y más sonrisas que nostalgias y le dio un olfato envasado en una inmensa nariz, grande como su corazón. Dueño de una desbordante simpatía y de una gracia tan graciosa que hacía reír en todos los idiomas. Contador inolvidable de anécdotas, hablaba lo justo y opinaba con la cautela propia de los hombres de antes.

Su primer éxito fue en Radio Belgrano, en un programa escrito por Manuel A. Meaños encarnando a un modisto cuyo nombre le daba el nombre al programa: *Monsieur Canesú*. Este particular modisto daba consejos a las radioyentes sobre cómo coser, cómo emplear los moldes de costura, cómo pegar las mangas, cómo determinar el largo de las faldas, los tipos de escotes y los colores que se usarían ese año. Entre las gracias de Fidel Pintos y la ágil pluma de Manuel A. Meaños los radioescuchas disfrutaban de media hora de ocurrencias y disparates tan graciosos que no tardaron en elegirlo como uno de sus cómicos preferidos. Los años siguientes los pasó de teatro en teatro y de película en película hasta que el olfato del notable autor Gerardo Sofovich lo descubrió, llamándolo a ocupar uno de los lugares principales en el *sketch* «Polémica en el bar», en el cual yo tuve el honor de participar durante más de 20 años, récord sin precedentes en la historia de la televisión argentina.

Volviendo a Fidel Pintos, nunca conocí a nadie que le costara tan poco hacer reír. Con solo una mirada o un gesto atraía la atención no solo del televidente sino que también nos divertía a los actores, *cameramen* y demás personal técnico que grababa el programa. Era un maestro de la improvisación y también de la «sanata» que es el arte de hablar sin decir nada concreto y coherente. Después, encarnó a un personaje creación de Gerardo Sofovich que lo llevó a Fidel Pintos a lugares que ocupan solo los elegidos. Se trataba de un peluquero que atendía siempre al mismo cliente con quien, mientras lo atendía, hablaba sobre el tema más notorio de la semana que podía ser la visita de un artista internacional, la final del campeonato de fútbol, el estreno de una coproducción o un hecho político. El cliente era personificado por uno de los actores más completos que dio la Argentina. Su nombre, Javier Portales, hombre de gran nivel actoral cuyo aporte era tan importante y necesario que sin su presencia muchos de nosotros los cómicos no hubiéramos tenido el lucimiento que logramos.

Así pasaron los años entre los aplausos y el reconocimiento del público. Estábamos trabajando en un teatro de revistas donde Fidel y yo compartíamos un *sketch*. Juntos nos divertíamos a más no poder. Un día, al bajar a los camarines, comencé a notarlo muy callado, como si algo le preocupara. La causa era que su salud se estaba deteriorando rápidamente. Una noche, subiendo las escaleras que nos llevarían al escenario, visiblemente cansado se paró y tomándome del hombro, me dijo: «¡Gordo... no quiero más!» Subimos, hicimos el *sketch* como siempre y al terminar la función lo vi marcharse con el paso lento de los que ya no tienen prisa por llegar a ninguna parte. A las pocas horas, Fidel Pintos se iba para siempre, dejando una estela de gratos recuerdos.

Pepe Biondi

A principios de la década de los sesenta, en el barrio Constitución de la ciudad de Buenos Aires, se inauguraban los estudios de televisión de Proartel, Canal 13. La CMQ de Cuba había emigrado hacia la Argentina. Su presidente y propietario, Goar Mestre, después de un minucioso estudio de mercado aplicó la misma estrategia a la nueva televisora argentina que tan buen resultado le había dado a su canal en su Cuba natal. La programación estaba directamente enfocada hacia un destinatario: la familia. Ese era su mayor compromiso: ilustrar, entretener, comunicar, divertir a la familia argentina. Comenzaba con un segmento dedicado a entretenimiento; seguidamente salía al aire un programa diario de cuatro horas dedicado al hogar y a la mujer; después venían los telenoticieros con informaciones sobre deportes y actualidades. Había una hora completa de risas a cargo de los cómicos de turno. Al cierre, este se hacía con palabras que invitaban a la reflexión. Un ejército de técnicos, realizadores, músicos, actores y actrices y presentadores daban vida a las imágenes emitidas por el Canal 13 de Buenos Aires.

Por allí desfilaron figuras de la talla de Jorge Cacho Fontana, número uno de los locutores y mi amigo personal, Héctor Coire, la orquesta de Buby Lavechia, José Marrone, La revista dislocada, Alberto Migré, Rodolfo Bebán, Juan Verdaguer y un cómico nuevo para los argentinos. Su nombre: Pepe Biondi.

Este señor calvito, de sonrisa tierna y franca, de pícaros ojos y caminar gracioso había formado dúo con otro cómico de nombre Dick.

Muy jóvenes se fueron del país a tentar suerte en otras tierras. Después de mucho andar anclaron en La Habana, capital de ese paraíso llamado Cuba. En breve tiempo se habían hecho dueños del corazón de los cubanos, gente cordial, de risa fácil, que hacía que allí el extranjero se sintiera como en su propia tierra. Bastaron unas cuantas semanas para que todos los chicos y grandes anduvieran repitiendo las frases que hicieran famoso a Pepe Biondi: ¡Tengo los nervios nerviosos! ¡Patapúfete! ¡Lechuga para el canario! ¡Qué suerte para la desgracia! Y otros dichos que revelaban el perfil de este artesano del humor. Los personajes más famosos fueron «Pepe Gallete, único guapo en camiseta», «Doctor Pepe Curdela, abogado y mangiapapeles» y «Narciso Bello». Entre los que se lucían en el elenco estaban Carmen Morales, Carlos Escaziotto, Mario Fortuna hijo, Quintana y su yerno el cubanísimo Pepe Díaz Lastra. Los guionistas Golo y Guille les habían tomado el tiempo a los personajes creados por Pepe, de manera tal que los libretos se ajustaban a las creaciones de este notable comediante argentino. Uno de los directores más famosos del canal era mi queridísimo amigo, el «Caballo» Miranda. En una ocasión estábamos tomando café al lado del canal cuando de pronto hizo su entrada Pepe Biondi. Este y el «Caballo» se conocían desde hacía mucho tiempo, pues habían trabajado en la CMQ de La Habana. Fuimos presentados y en seguida congeniamos. La simpatía de Pepe era desbordante, pero lo que más había llamado mi atención era su elegancia. Siempre lo vi vestido de primera: sus zapatos, traje de estilo inglés, camisa y corbata de seda natural italiana y su sombrero estilo Burlington hablaban por sí solos de un hombre de muy buen gusto y finas maneras. Pero eso sí, siempre con buen humor. Como nuestros ensayos terminaban a la misma hora, siempre nos encontrábamos en los pasillos y terminábamos tomando un café al lado del canal. Para mí era un regalo para los oídos la manera que tenía de contar toda clase de anécdotas y vivencias, a cuál más graciosa. Una tarde se me ocurrió preguntarle cómo era Cuba. Sin exagerar, creo que habló más de tres horas. Me contó de sus calles, de su música, de su gente, de sus playas, del Malecón, de Tropicana con una nostalgia tan grande que durante el relato advertí el notorio amor que tenía por Cuba y vice-versa. Todos los días nos encontrábamos a la misma hora. Entre café y café nos fuimos conociendo cada vez más. Mi admiración por él iba creciendo día en día no solo por su calidad de actor sino por su don de gentes. Porque eso es lo que era. Un hombre sencillo y bondadoso. En sus conversaciones, siempre aparecían sus dos grandes amores: su hija y Teresa, su esposa, a quienes amaba profundamente. Con los años, Pepe Biondi pasó a ocupar el primer lugar en la preferencia de un público que lo seguía fielmente. A su yerno, Pepe Díaz Lastra, a su hija y a su esposa se les agregarían sus dos nietos, a quienes amaba más que a nadie en el mundo. Una tarde nos encontramos en la sastrería Rodher's pues ambos éramos amigos del propietario, un distinguido caballero llamado Joaquín Roer. Estuvimos un rato conversando, y luego nos fuimos caminando por la calle Florida hasta la calle Santa Fe. En el trayecto me di cuenta que algo no funcionaba bien en su salud. Sin que yo se lo preguntara, me confesó que tenía un problema de circulación y que los médicos le habían recomendado que caminara de veinte a treinta cuadras diarias. Muchos fueron los días en que nos fuimos a pie desde el canal hasta su casa en Rodríguez Peña y Lavalle. Esa caminata nos costaba cada vez más, especialmente a mí debido a mi peso. Después de un tiempo yo trabajaba en otro canal y ya no nos veíamos tan a menudo. Después de una operación, Pepe seguía luchando por su salud, pero sin perder el humor. Lleno de halagos y reconocimientos de un público que lo amaba al igual que su familia, Pepe, que lo había tenido todo, sentía que algo le faltaba. Y lo encontró en la palabra de una misionera que le habló del poder salvador de Jesucristo, cuya muerte en la cruz hace ya tantos siglos sigue siendo poderosa para traer salud al espíritu y paz al alma atribulada. ¿El cuerpo? Se gasta y termina por volver al lugar del cual fue tomado, pero el espíritu se renueva de día en día. Después de este encuentro salvífico, Pepe empezó a asistir a una iglesia de la calle Charcas en el barrio de Palermo pastoreada por el Rev. Teules. Un día de esos, se le oyó decir: «Ahora que conozco a Jesús puedo morir tranquilo». Al poco tiempo se escuchaba desde el cielo a ángeles que reían y una voz que decía: «¡Patapúfate!... ¡Lechuga para el canario!»

Juan Carlos Altavista

Siendo todavía un niño, Juan Carlos Altavista integró la troupe de actores jóvenes del Instituto Labardén. A pesar de sus cortos años, mostraba en sus actuaciones frescura y naturalidad lo que sumado a su entusiasmo y dedicación por la difícil carrera de actor, muy pronto se afianzaría como una de las jóvenes promesas de más futuro.

Cuando era un adolescente debutó en el cine trabajando al lado del prestigioso tenor mexicano José Mojica. Poco tiempo después lograba un papel de galán joven en la Compañía de Teatro de Josué Charmielo. Luego ocuparía un lugar preponderante en la radiofonía argentina como parte del elenco de la pieza teatral «Pocholo, Pichuca y yo» donde también actuaban Raúl Rossi y Beatriz Taibo bajo la dirección de Adolfo R. Meirialle, autor también de los libretos.

La carrera de Juan Carlos Altavista como galán joven se iba haciendo más y más sólida. Trabajaba incansablemente en cine y teatro. Luego de una estadía prolongada en Lima, Perú, volvió a Argentina creando a «Minguito» personaje que con el tiempo le daría la notoriedad y admiración que nunca se imaginó.

Otra vez el olfato de Gerardo Sofovich, «El ruso», como cariñosamente lo llamábamos sus amigos detectó al talentoso Juan Carlos llamándolo para que integrara el elenco de «Polémica en el bar» donde alcanzó el punto más alto de su carrera artística.

«Polémica en el bar» era un programa de una hora que salía al aire una vez por semana. Los componentes de la mesa eran: Raúl Crespi, en el papel de un clásico burgués; Carlos Carella, que interpretaba a un intelectual que todo lo veía y analizaba a través de la lente que le proporcionaban las páginas de los libros; Fidel Pintos, quien disertaba sobre el tema elegido, llegando a una elocuencia tan confusa que al final de su perorata nadie entendía nada; citaba a personajes y lugares que no existían y que solo estaban en su mente. Alberto Irizar era el dueño del bar.

Gallego empedernido, más galaico que la muñeira. Al terminar el programa, en medio de una gran discusión, era invitado a dar la opinión final. El disparate que decía era tal que el *set* se venía abajo de la risa.

Yo representaba a un individuo de la clase media que las oficiaba de moderador en las discusiones de los temas elegidos. Mingo Tinguitela, personaje de condición humilde cuyo amor por su madre era inconmensurable, todo lo confundía. Cuando opinaba sobre el tema elegido lo hacía con absoluta falta de conocimiento y defendía su postura con la desfachatez propia de quien opina de todo y no sabe nada. Su manera de vestir casi cantinflesca conformaba uno de los estereotipos que abundan en Buenos Aires, principalmente en los barrios de la periferia capitalina. Gerardo Sofovich, gran observador y mejor conocedor de la psicología que caracterizaba a estos personajes nos fue moldeando y dándonos vida de manera tan inteligente que nos sacaba lo mejor de cada uno de nosotros.

Juan Carlos Altavista no pasó por la vida como un mero espectador. Con los años fue haciendo acopio de los detalles y características más sobresalientes y significativos de los actores a quienes conoció en los cafés y bares que solían frecuentar. Mingo era un ser puro e inocente, lleno de nobleza y otras virtudes que mostraban a las claras el alma de este prototipo de muchacho de barrio. Cuando opinaba, Mingo ejercía una influencia tan grande en el público, que los hacía morir de la risa, inclusive a nosotros mismos, sus compañeros de actuación. Sus salidas inesperadas y la particularidad de su lenguaje lo hacían uno de los personajes más graciosos y querible de la historia de la televisión.

Trabajamos juntos en el Teatro Maipo; después formamos nuestra propia compañía, recorriendo, con gran éxito, los más importantes lugares del país .

Después de un ensayo Juan Carlos Altavista fallece, víctima de una vieja dolencia. Tomados de la mano con «Minguito», su amigo del alma, saludan a un público que los aplaude de pie mientras cae el telón final.

Tato Bores

En los años cincuenta hubo un programa de radio que alcanzó las más grandes audiencias. Se llamaba «La escuelita humorística» y la historia transcurría en una escuela primaria, con un maestro y actores y actrices adultos que personificaban a niños y niñas. El maestro era representado por el actor Gómez Bao, veterano en estas lides de la actuación tanto en cine como en radio. Era un maestro sui generis, de poco carácter, permisible, buena gente e inocentón que siempre se veía desbordado por sus alumnos. Dentro de ese conglomerado de estudiantes, se destacaban tres: la alumna Vampi I Coqueta, un alumno de nombre Igor Snivechov de Sapovornia por parte de mamá representado por Tato Bores. Igor era un niño judío, inteligente y de gran personalidad. El tercer personaje se llamaba Vale Cuatro y era personificado por el actor Pablo Cumo.

De los tres, el que más se destacaba era sin duda el que personificaba Tato Bores con su notable personalidad y una voz de esas que basta con escucharlas una sola vez para que no se olviden jamás.

El día que en el viejo Canal 7 de Radio Belgrano nos presentaron, Tato me dijo: «Vos tenés cara de cómico». Esa noche fuimos a cenar con el director técnico Horacio Erraiz a un restorán de la calle Montevideo, lugar al que iba a comer toda la gente del ambiente artístico. Era un lugar nada lujoso, sino todo lo contrario: sin mantel, con un pedazo de papel blanco que apenas cubría la mesa, cubierto tipo latón, los platos de tamaño tan chico que doce ravioles los llenaban por completo. ¿El pan? Durito, durito. El vino, de la casa, estaba hecho con uva y papel de lija. Comimos los ravioles con el pan duro y el vino que no sé por qué le decían vino. Tato Bores me dijo: «A este lugar vienen a comer todos los vivos». Yo le respondí: «Si aquí es adonde vienen a comer todos los vivos, como será adonde van a comer todos los giles». Tato lanzó una carcajada a tiempo que el camarero nos traía otro plato de ravioles; o sea, que ya la cosa estaba tomando otro color.

Después de comer fuimos a la boite King's Club sita en la calle Córdoba donde actuaba Tato Bores. Con Horacio Erraiz ocupamos una mesa. Luego de la presentación que hizo el locutor Armando Rolón, apareció Tato Bores con un impecable smoking negro. Abrió el espectáculo con una tanda de chistes seguida de un monólogo que el público festejó ruidosamente. Aquella fue una de esas noches que no se olvidan porque para mí, que estaba dando mis primeros pasos en el humor radial, el conocer, cenar y después ver actuar a Tato Bores no era cosa de todos los días.

Esa semana fui a verlo trabajar durante tres noches seguidas. Aprendí muchísimo de él: cómo mirar al público, cómo encararlo, cómo tratar al chistoso de turno cuando interrumpe, cómo sacarle efecto a los silencios; en fin, Tato Bores fue uno de los primeros maestros que tuve.

Hacía un año que trabajaba en radio. Me dijeron que Tato Bores había debutado en el teatro. En seguida fui a verlo. Conseguí una butaca en primera fila. El teatro estaba repleto a pesar que era un día de semana. Habría pasado media hora cuando Tato Bores hace su entrada al escenario. El *sketch* era buenísimo. De pronto, Tato se da cuenta que yo estaba en la primera fila. Terminada la función, cayó el telón. Mientras saludaba al público, me miró y me dijo: «Esperame que después vamos a comer». Esa noche, mientras comíamos, le conté que nunca me había perdido el programa «La escuelita humorística». Él me contó una docena de anécdotas que me hicieron reír de buena gana. Después de esa noche, dejamos de vernos un tiempo largo hasta que volvimos a encontrarnos en el viejo Canal 7. Lo invité a ver el programa que salía en vivo a las nueve de la noche. Me dijo que iba a ver porque tenía una cita con el autor en el café de la esquina. Yo le insistí de tal manera que no se pudo negar. Antes de finalizar el programa, salí vestido de frac igual que él, con el mismo tipo de peluca y el mismo tipo de anteojos que él usaba. La imitación me salió bárbara. Tato Bores salió de control muerto de risa.

Tato Bores había comenzado su carrera de éxitos. Sus *sketch* y monólogos de neto corte político lo habían hecho el portavoz del pueblo que a través de él decía cosas que de otro modo no podía. En los momentos difíciles que atravesaba el país, con problemas de corte castrense, donde la aeronáutica, el ejército y la marina no estaban para nada ausentes, Tato Bores, con su histriónica verborragia hacía reír a todo un país. Sin querer se había convertido en el periodista más osado, cosa que con el tiempo le trajo muchos problemas, tomando en cuenta los reclamos que hacía la civilidad. Fue cuestionado, amonestado y censurado, pero los que mandaban no se daban cuenta que ellos mismos, indirectamente, se habían convertido en los libretistas de Tato, cosa que este no desaprovechaba para nada.

Ante el cariz que tomaban las cosas en mi país, cada domingo la gente se atrincheraba frente al televisor para ver y escuchar lo que decía Tato. Las críticas con que irónicamente bombardeaba a los ineptos de turno estaban salpicadas con connotaciones de los sucesos que acaecían cotidianamente donde se mezclaban el *jet-set*, la sociedad oligárquica, las artes, el fútbol, la canasta familiar que se fue deteriorando con el paso de los años. Los programas de Tato Bores eran cada vez más cuidadosamente tratados. Las presentaciones, los decorados, el ballet y la música sorprendían a un público exigente y cada vez menos convencional. Mientras Tato Bores entraba al *set*, la galería de personajes que le salían al paso era parte del tratamiento donde el buen gusto y la originalidad estaban siempre presentes. Cesar Bruto fue su amigo y guionista preferido en quien Tato descansaba tranquilo y confiado. Sabía que tenía en él a alguien que era capaz de interpretar fielmente lo que él soñaba plasmar en cada programa. Pasaron muchos años. Olmedo y yo nos encontrábamos con Tato Bores para jugar al golf. Las cosas que se decían Olmedo y Tato eran para haberlas grabado. Los tres constituíamos el único caso existente en la historia del golf que cuando más jugábamos peor lo hacíamos. Un día jugamos para una institución benéfica teniendo de compañeros nada menos que a los profesionales Cacho Ruiz y el mundialmente conocido Roberto De Vicenzo. Nos echaron al tercer hoyo. Nos fuimos a la cafetería y bar del Club a esperar, con una sangría por testigo, el fin del juego. Muchas veces jugamos con Olmedo de compañeros contra Mario Boyé y René Pontoni. Calculen lo mal que jugaban que lo hacían peor que nosotros. Tato seguía jugando al golf y haciendo *footings* alrededor del lago de Palermo. El último partido que jugó Tato

Bores lo perdió, cuando una cruel enfermedad le ganó por un golpe. ¡Chau, Tato! ¡Saludame a Olmedo!

De la fría

Paciente: Doctor, me duele la pierna. Está inflamada y parece que tengo agua... Mire, doctor, mire como me sale agua.
Doctor: ¿De la tibia?
Paciente: Por ahora me sale de la fría.

Con un pie en el cajón

Doctor: ¿Cómo le va, Rodríguez? ¿Cómo está su padre?
Rodríguez: ¿Mi padre? Está con un pie en el cajón.
Doctor: ¿Está grave?
Rodríguez: ¡No! Se está lustrando los zapatos.

Bajo tierra

Doctor: ¿Cómo le va, Rodríguez? ¿Qué es de la vida de su padre?
Rodríguez: ¡Cómo! ¿No sabía?
Doctor: ¡No! ¿Qué le pasó?
Rodríguez: Hace cinco meses que está bajo tierra.
Doctor: ¿Murió?
Rodríguez: ¡No! Vende pasajes en el subterráneo.

Belleza e inteligencia

Ha habido muchos escritores que, aparte de su calidad literaria, son conocidos por su notable buen humor. Uno de ellos fue el genial escritor español Enrique Jardiel Poncela. En su obra cumbre La tournée de Dios está plasmada la original manera de elegir las historias llenas de situaciones graciosas. Esto se repite en Espérame en Siberia, vida mía. Pero hay una anécdota que pinta de cuerpo entero el escon-

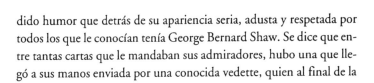

dido humor que detrás de su apariencia seria, adusta y respetada por todos los que le conocían tenía George Bernard Shaw. Se dice que entre tantas cartas que le mandaban sus admiradores, hubo una que llegó a sus manos enviada por una conocida vedette, quien al final de la misma le expresaba lo siguiente:

> *Vedette*: ¿Se imagina si usted y yo tuviésemos un hijo con su inteligencia y mi belleza?
>
> *Bernard Shaw* (en su respuesta): Sería lo ideal, pero lo terrible sería que tuviese mi belleza y su inteligencia.

Alberto Olmedo

Nació un 24 de agosto de 1934 en la ciudad de Rosario, provincia de Santa Fé, República Argentina. Creció en un barrio llamado Pichincha. Era flaquito, travieso, inquieto pero muy simpático. Cuando sonreía, sus ojos se iluminaban. Siempre se le veía corriendo detrás de una pelota. Al volver de la escuela, inmediatamente iba para la calle donde se encontraba con sus amigos. Para él, todos los días eran de fiesta. Alberto era un chico bueno y solidario con sus compañeros. Eso hizo que fuera muy apreciado por los vecinos, a pesar que con frecuencia interrumpía con sus gritos y pelotazos la obligada hora de la siesta. Poco tiempo después comenzó al ir al club Newell Old Boys, donde comenzó a practicar gimnasia acrobática. Después de un tiempo empezó a acercarse al centro de la ciudad. Ahí conoció a uno de sus grandes amigos apodado Chita, quien lo llevó a trabajar de clac al Teatro de la Comedia. (Los clacs eran las personas que aplaudían en los teatros todas las noches para contagiar al público a que aplaudieran; o sea que por unos centavos había que aplaudir y reírse aunque el espectáculo lo conocieran de memoria.) Así pasaron los años hasta que uno de sus mejores amigos lo llevó a trabajar al viejo Canal 7 de televisión de Buenos Aires donde en muy poco tiempo se ganó el afecto de todos sus compañeros. Llegó a ser jefe de *switchers* cuya labor consistía en ser el responsable de una de las áreas técnicas más comprometidas del Canal. En una fiesta, Alberto Olmedo, en medio de risas y aplausos, comenzó a imitar a sus compañeros de *staff*. Varios de los productores, viendo la gracia fresca y espontánea de Alberto, le propusieron hacer un programa que sería el punto de partida de una carrera de triunfos y halagos sin precedentes, conquistando a un público que muy pronto lo elegiría como uno de sus artistas favoritos.

Su primer gran éxito fue «El capitán Piluso», programa infantil que sería el primer eslabón de una cadena interminable de sucesos. El personaje capitán Piluso desde un principio llegó a conquistar a varias generaciones de niños, público insobornable que permitiría a Piluso entrar e instalarse por muchos años en los corazones de los hogares argentinos llegando a ocupar el primer lugar de la teleaudiencia.

Su poder de convocatoria entre los niños era tan grande que al crear el personaje de una abuela que decía: «¡Piluso... la leche!» todos los chicos que miraban el programa bebían la leche porque Piluso la tomaba. Un día se negó a tomarla para ver qué sucedía. El escándalo fue increíble. Los niños decían: «¡Si Piluso no toma la leche, yo tampoco la tomo!» Esa tarde los llamados telefónicos al canal por parte de los padres fueron tantos, que al otro día Olmedo tuvo que rectificar su decisión ante todos los niños, invitándolos a tomar la leche por el resto de sus vidas.

El éxito de «El capitán Piluso» fue tan grande que llegó a formar parte de la historia de la televisión hispanoamericana. Al año y medio del debut de «El capitán Piluso» me tocó a mí debutar ante las cámaras del Canal 7. Lo hice integrando el elenco de «La revista dislocada». No recuerdo cómo fue que conocí a Olmedo. Nos cruzábamos todos los días en los pasillos del Canal sin saber quién era uno y quién era el otro, pero nos saludábamos con un «¿Cómo te va, flaco?» y un «¿Qué hacés, Lechón?» (Para que nadie se confunda, el lechón era yo).

Después de un largo tiempo, el capitán Piluso se retiraba a sus cuarteles de invierno. Ese personaje encantador y gracioso se abría a un costado del camino para dar paso al que con el tiempo llegaría a ser el más intuitivo, espontáneo, habilidosísimo y simpático personaje de la televisión argentina. Nadie más que yo podría saber cuáles fueron las virtudes que catapultaron a uno de los más grandes cómicos de América. Rápido para la réplica, magnífico improvisador, con un arsenal de gestos que manejaba como nadie y con una voz inconfundible más una mirada llena de picardía conformaban el personaje que durante más de cuarenta años llenó de alegría y de felicidad a un público que lo recuerda permanentemente.

Muy pocas personas lo conocieron tan a fondo como lo conocí yo. Detrás de esa sonrisa franca y contagiosa se escondía un hombre que peleaba a brazo partido por ser feliz. Llegamos a convivir momentos de alegría, de tristeza, de nostalgia. Vivimos más tiempo juntos que con nuestras propias familias. La televisión nos ocupaba el tiempo más importante en nuestras vidas. Llegamos a hacer tres programas semanales de una hora de duración. Eso, más el teatro a la noche y la filmación de la película de turno nos tenía ocupados todas las horas de todas las semanas de todos los meses durante muchos años.

Para no creer

Para mí, el personaje más gracioso de Olmedo fue «El guapo Piolín». El solo verlo aparecer en escena me hacía morir de la risa, tanto que cuando grababa el programa y le tocaba el turno a «El guapo Piolín» yo tomaba una silla y me ponía delante de todos para no perderme detalle. Este «guapo» interpretado por Olmedo era una mezcla de Chaplin, Jerry Lewis y Dick Van Dyke que juntos lo convertían en el ser más gracioso del globo terráqueo y sus alrededores. Cuando faltaban pocos minutos para empezar la grabación yo le decía: «¡Hacéme reír, mira que voy a estar observándote en primera fila!» Él, sonriendo, me contestaba: «¡Ahora vas a saber quién soy yo!» Al comenzar la grabación Olmedo, incentivado por las carcajadas de los técnicos y compañeros, transformaba a «El guapo Piolín» en un loco que nos hacía desmayar de la risa. En la caracterización del personaje, Olmedo desplegaba su amplia gama de recursos, más la yapa que tenía escondida para momentos como esos.

Un representante artístico nos contrató para actuar en una convención a realizarse en la ciudad de Mar del Plata.. Olmedo tenía que interpretar a «El guapo Piolín» y yo a «El guapo Tiroides». Habíamos quedado que después de grabar el programa nos meteríamos al auto y saldríamos tranquilos para Mar del Plata. Eran las cuatro de la tarde. Habiendo terminado de grabar nos encontramos en la esquina.

> *Olmedo*: ¡Mejor vamos en tu auto porque el mío lo tengo en el taller!
>
> *Yo*: ¡No me digas eso que me muero!
>
> *Olmedo*: ¿Por qué?... No... ¡No me digas que no tenés el auto!
>
> *Yo*: Aunque te parezca mentira, yo también lo tengo en el taller.
>
> *Olmedo*: ¡No me digas que nos vamos a perder esa plata porque me va a dar un ataque! *Yo*: Tengo una idea. Vamos a la agencia de autos de Ricardo Bonano que es un gran amigo y le pedimos un auto prestado.

Llegamos a donde Ricardo a contarle el problema que teníamos. Nos prestó el único auto que tenía a mano, un Peugeot viejo, destartalado, recomendándonos que tuviéramos mucho cuidado con los frenos. Tomamos las llaves y nos subimos al auto. Olmedo se sentó al volante, diciéndome: «¡Dejame a mí, tuve autos más viejos que este!» Salimos. En una esquina se nos cruzó un auto. Yo grito: «¡Frená!» Olmedo (muerto de la risa): «¡No frena!» Y mientras bombeaba el freno con el pie, chocamos con el otro auto. El dueño del auto chocado bajó inmediatamente y se dirigió hacia donde estábamos nosotros. Al reconocernos, la expresión de su rostro cambió totalmente. Nos dijo: «¡Porcel! ¡Olmedo! ¡Qué alegría, muchachos! Cuando cuente en casa que ustedes me chocaron, no me lo van a creer!» Gracias a que el tipo era un fanático admirador nuestro restó importancia al accidente. Nosotros iniciamos el camino de ida a Mar del Plata. Cada vez que

frenábamos teníamos que hacerlo con mucha antelación para no cho-
car de nuevo. Al pasar frente a un taller mecánico nos detuvimos y le
pedimos a uno de los muchachos que nos revisara los frenos. Se tiró
debajo del auto, lo inspeccionó y saliendo, dijo:

Muchacho: ¡Van a tener que frenar con mucho cuidado!
Olmedo: ¿Cómo está la cinta de frenos?
Muchacho: ¿Qué cinta?
Yo: ¿Cómo que qué cinta? ¡La cinta de frenos!
Olmedo (riendo): No preguntemos más, vámonos y que
    sea lo que Dios quiera.

Después de dos horas de andar camino a Mar del Plata, el auto
empezó a fallar, a perder fuerza hasta que justo frente a una estación
de servicio se detuvo, echando humo por los cuatro costados. Al bajarnos, Olmedo me dijo: «Mirá cómo se llama la estación de servicio».
Su nombre era ¡No va más!

El mal humor de Olmedo

Faltaban dos jornadas para que llegara la primavera. Un empresario nos contrató a Olmedo y a mí para actuar en el Racing Club de la
ciudad de Olavarría, en un evento auspiciado por los bomberos vo-
luntarios que pertenecían a esa ciudad.

Llegamos sobre la hora, a las 10 de la noche. Dejamos nuestro
equipaje en el hotel y fuimos derecho al lugar de la actuación. Cuando
llegamos, en el escenario estaban trabajando los «Shakers», conjunto
de rock uruguayo que cantaba al estilo de los Beatles. Después de finalizada su actuación tuvimos que esperar una hora detrás del escenario.

Olmedo: Van a elegir a la reina.
Yo: ¿La reina de qué?
Olmedo: La reina de los bomberos.
Yo: ¿Será Miss Manguera o Miss Carro Bomba?

234 El humor y yo

Cuando finalizamos nuestra actuación, muertos de hambre, preguntamos a uno de los organizadores dónde podíamos comer. Nos dijo: «Son más de las 2 de la mañana. A esta hora está todo cerrado. Prueben en el hotel, quizás tengan suerte de encontrar algo». En vano buscamos al empresario que nos había contratado. No estaba por ningún lado. El Negro Olmedo estaba con una bronca tal que nunca lo había visto de esa manera. Al llegar al hotel pedimos de comer y el conserje nos dijo que la cocina estaba cerrada. Olmedo se quedó mirándolo fijo y le pidió que nos comunicara con la habitación del empresario. Este hacía dos horas que se había ido del hotel con rumbo desconocido. Furiosos llegamos a la habitación y nos acostamos sin comer. Despertamos a las 9 de la mañana. Llamamos al conserje de día quien nos dijo que podíamos desayunar lo que quisiéramos, que luego la cuenta se la pasarían al empresario. Le preguntamos qué había para comer. Nos dijo que solo café con leche, pan con manteca y a lo mejor alguna que otra media luna, que discáramos el número 30 que correspondía a la cocina. Olmedo se comunicó con la cocina:

Olmedo: «¡Holá! ¿Con la cocina?... ¿Me pueden traer 15 cafés con leche completos para la habitación 214?
Yo: ¿Qué hacés? ¿Sos loco?
Olmedo: ... Bien... muchas gracias. (Y colgó.)

Al rato llegaron dos camareros con dos inmensas bandejas llenas de café con leche, pan con manteca y medias lunas. Desayunamos hasta que no podíamos más. Lo que sobró lo echamos por el inodoro. Mientras comía, Olmedo me decía: «¡Me gustaría verle la cara cuando le pasen la cuenta al empresario!... ¡Atorrante!... Gordo, ¿querés otro poco de café con leche?» Yo: «¡No, gracias! Basta de café con leche por hoy».

¡No toca botón!

No toca botón. Estas tres palabras fueron las credenciales que mostraban a un Alberto Olmedo en toda su potencia encarnando a un extraño presentador con su *jaquet*, su sombrero bombín y sus bigotones en una especie de Groucho Marx criollo. Su labor consistía en presentar a todos los integrantes del elenco al comienzo del programa. Después de anunciar el nombre del *show* presentaba a sus compañeros, destacando en su curriculum sus vidas privadas, vicios, costumbres y debilidades, cosa que predisponía al público a la hilaridad por la sorpresa que expresaban en sus rostros sus víctimas ocasionales. Eso sí, siempre dentro de los límites consabidos. Yo no sé cómo se enteraba dónde uno había estado la noche anterior, con quién había salido, a dónde había ido a comer, cuánto había perdido en las carreras, cuánto pesaba. La cosa es que lo sabía todo. Eso ponía a mucha gente nerviosa, especialmente a las mujeres cuando les preguntaba la edad, descubría algún amor escondido o simplemente sacaba a la luz el entredicho o las peleas suscitadas en los camarines. Olmedo lo hacía con tan buen gusto y tanta simpatía, que la intención nunca llegó a molestar plenamente. Cada comentario iba cargado de inocentes matices donde la grandilocuencia, los gestos y ademanes nunca estaban ausentes.

¿Y qué significaba la frase ¡No toca botón!? Sencillamente era una invitación al público televidente a que no cambiara de canal¸ así es que ya sabe: «¡No toca botón!» Esta frase, dicha por otra persona sin duda no habría tenido el efecto y la popularidad que tuvo con Alberto Olmedo.

Como Alberto había trabajado como técnico antes de ser actor tenía la ventaja de conocer los movimientos de la cámara, los diferentes planos y los cambios ordenados por el director de modo que le bastaba con saltar o girar un poco para tomar por sorpresa a los microfonistas y *cameramen* que también pasaban a ser parte de sus víctimas.

La televisión no tenía secretos para él. Casi siempre estaba de buen humor, no obstante su sonrisa. Sus ojos medio tristones y su reserva sin límites hablaban de un hombre a quien no era fácil detectarle sus verdaderos estados de ánimo. Era muy difícil escucharlo juzgar a alguien. Enemigo de la violencia y del chisme, cauteloso en su opinión todo eso lo libraba del compromiso de ser objeto o cómplice de un hecho del cual no estaba de acuerdo.

Olinda Bozán, Pepita Muñoz y Diana Maggi

Las tres, a pesar de ser tan distintas eran iguales en algo esencial para sobresalir en el arte escénico: la gracia. Las tres eran graciosas a más no poder. Las tres eran simpáticas a rajatablas y las tres eran inteligentes por demás. Las tres eran una aplanadora. Nunca se achicaron ante el público. Con su sola presencia y una sonrisa les bastaba para desdibujar a cualquier capo cómico. La presencia arrolladora de estas tres distinguidas profesionales era tal que hiciesen lo que hiciesen o dijeren lo que dijeren lo hacían y decían con talento, arma fundamental que esgrimen solo algunos pocos.

Olinda Bozán trabajó en muchas películas y con muchos actores de primera línea. Con una voz que ella manejaba a su antojo dándole a sus mastices una personalidad diferente, creando un nuevo estilo. Pepita Muñoz, la gorda más simpática del mundo, porteña cabal, con esa cara de vivanca que la distinguía estaba siempre alerta para la réplica. Y la tana, Diana Maggi hizo todo: fue vedette, actriz, cantante, cómica, dramática. Tanto personificaba a una adolescente como a una anciana. Era tan eficaz y hábil que le tiraban una soga y tejía un pullover.

Yo tuve el honor de trabajar con las tres. ¡Qué generoso fue Dios conmigo al darme la oportunidad no solo de trabajar con ellas sino de aprender de ellas y divertirme como pocos. Con Olinda Bozán hicimos una película titulada *Coche cama, tren alojamiento.* Con Pepita Muñoz hice un ciclo de televisión titulado *¿Lo viste a Porcel?* Con Diana Maggi, el ciclo *Porcelandia* donde ella hacía una paisanita y yo un gaucho. Nos divertíamos más nosotros que el público.

A las tres les rindo mi homenaje, mi admiración y agradecimiento.

Jorge Luz

Empezó cuando era muy joven en el conjunto «La caravana del buen humor» que dirigía Tito Martínez del Box. Si como actor fue estupendo, como imitador resultó toda una revelación. Su creación máxima fue la imitación de la notable declamadora Berta Singerman quien por los años cincuenta era muy famosa en toda Latinoamérica.

Después formó parte vital dentro del conjunto conocido como «Los 5 grandes del buen humor» integrado, además de él, por los actores Juan Carlos Cambón, Guillermo Rico, Zelmar Gueñol y Rafael Carret. Juntos lograron un éxito sin precedentes en el humorismo argentino.

En radio lograron concitar la atención de un publico que luego llegaría a los cinematógrafos donde exhibían sus películas. Una de las que logró récord de público fue *Locuras, tiros y mambo*, con la estrella máxima de la rumba cubana, Blanquita Amaro.

Después de varios años de suceso permanente tanto en radio como en cine salieron de gira por toda América. En Cuba fueron aclamados noche a noche por un público que colmaba el teatro donde actuaban.

Después de largo tiempo logrando triunfos muy merecidos, el conjunto se disolvió siguiendo cada uno diferentes caminos.

Jorge Luz fue la máxima figura del teatro «Caminito», teatro al aire libre instalado en la calle Caminito del barrio La Boca, lugar obligado donde los turistas de otras latitudes descubrían sus calles y casas coloridas hechas famosas por el tango «Caminito» de Juan de Dios Filiberto.

La idea de abrir un teatro al aire libre en una calle del barrio de la Boca fue del notable director de teatro Cecilio Madanes, experimentado hombre del mundo del espectáculo.

Uno de sus aciertos fue la puesta en escena de «La verbena de la paloma», zarzuela basada en un sainete de Ricardo de la Vega con música de Tomás Bretón y estrenada en el Teatro Apolo de Madrid en 1894. Aquí, Jorge Luz personifica a Don Hilarión, el viejo boticario con quien coquetea «la Susana».

Jorge Luz transitó por todos los andariveles del arte teatral. Todo lo hacía bien. Qué digo bien. Maravillosamente bien. Tragedia, drama, comedia, comedia musical no tenían secretos para él.

Yo tuve el honor de trabajar con Jorge Luz en televisión y en teatro, donde hacíamos un dúo de mujeres de barrio: Doña Tota y la Porota. ¡Lo que me he divertido trabajando con Jorge Luz! ¡Lo que se ha divertido el público con las ocurrencias de este inteligente y polifacético actor!

Estos dos personajes, Doña Tota y la Porota tenían la suerte de socorrer en su casa a cuanto artista internacional pasaba por allí y sufría desperfectos en su automóvil. El teléfono de Doña Tota y la Porota sacó de apuros a Rafael, al trío Los Panchos, a Braulio, a José José, a María Marta Serra Lima, a Emanuel y a tantos otros de conocida trayectoria en América Latina, Estados Unidos y Europa. Todos ellos, mientras esperaban la reparación de sus automóviles eran agasajados con mate y bizcochos por Doña Tota y la Porota, quienes además los hacían reír y cantar con el mejor humor para alegría de los televidentes. Este show, que se presentó en toda América, alcanzó su punto máximo de éxito en Puerto Rico. En San Juan, en el Teatro Candlelight y en Ponce en el Teatro La Perla.

Actualmente este *sketch* se sigue pasando en televisión por cuarta y hasta quinta vez en todas las ciudades de América Latina.

Nini Marshall

Fue, sin duda, la representante más genuina del humor argentino. Sus personajes estaban dotados especialmente de dos cualidades: calidad y clase, que unidos a su gracia natural hacía que se distinguiera. La habilidad que tenía para elegir sus personajes la hizo trasponer muy pronto las fronteras de su país natal para adueñarse de la admiración de toda América. Uno de sus personajes más queridos por los hispanoamericanos fue Cándida, una gallega trabajadora y honesta que, gracias a sus buenos oficios siempre era la que solucionaba los conflictos que se suscitaban en los guiones de las películas en que ella era la estrella principal.

Nini Marshall y Cándida fueron, durante muchos años, preferidas del público mexicano, país donde fue aplaudida, amada y respetada.

Pero su máxima creación fue Catita, personaje que representaba a la clásica muchacha de barrio, de condición humilde y rica en matices graciosos. En el personaje de Catita, Nini Marshall fotografió el corazón y el alma de una muchacha de escasa cultura pero sabia e inteligente.

Además de ser una gran actriz, fue autora de los libretos de sus personajes. Su gracia e ingenio al escribir los guiones asombró a propios y extraños, siendo respetada y admirada en diferentes latitudes. Fue ese público el que con su aplauso la llevó al estrellato.

José Marrone

Comenzó trabajando en las *varietés* al aire libre del Balneario Sur de Buenos Aires. Formaba dúo con su esposa bajo el nombre de «Rulito y la Gorda».

Ese género tan especial y aparentemente fácil que era la comicidad de balneario tuvo como estrella al gordo Pipo, a Abrojo, Pampita y Marín, Domingo Barbieri y al famoso Tano Genaro. La mayoría de estos cómicos trabajaba en cabarets del interior y especialmente en dos lugares donde hacer reír no era tan fácil, el Edén Park y la *varieté* Avenida de Rosario. Esos dos lugares de la capital de Santa Fé eran las catedrales del humor de *varieté*, donde el cómico que no hacía reír de entrada era silbado hasta por las moscas. Otro de los lugares preferidos del público que seguía y disfrutaba de esta clase de humor era La Querencia, sito en la Avenida de Mayo de la ciudad de Buenos Aires, donde también trabajaban además de los cómicos, conjuntos musicales folklóricos.

Con el nombre de José Marrone, Rulito debuta en la confitería Unión de la ciudad de Avellaneda., llenándola todas las noches hasta su máxima capacidad. Su éxito fue tan clamoroso que los empresarios teatrales no tardaron en disputarse a este cómico notable que en el año 1956 batió todos los récords de la calle Corrientes con la comedia *Cristóbal Colón en la Facultad de Medicina* formando rubro con su compañera de toda la vida, la *vedette* Juanita Martínez cuya naturalidad y simpatía ensamblaban perfectamente con el humor de José Marrone.

Su primera incursión en el cine fue en la película *La barra de la esquina* donde la estrella principal era el famoso cantor de tangos, Alberto Castillo.

En este film José Marrone interpretaba a uno de los integrantes de un conjunto de muchachos que se paraban en una esquina del barrio de La Boca. El personaje de Marrone era un joven ocurrente que sentía cierta alergia por el trabajo, imponiendo una frase que el público repetiría durante mucho tiempo: «Trabajás, te cansás, ¿qué ganás?» Pero donde alcanza fama y notoriedad es en *El circo de Marrone*, programa emitido por el Canal 13 propiedad del cubano Goar Mestre.

Aparte de los números circenses y variedades donde intervenían magos, equilibristas, acróbatas y las eternas figuras del circo, los leones, también trabajaba una troupe de enanos que hacían las delicias del público. Pero el que más se divertía con estos enanos era el propio José Marrone que, además de ser el presentador y el eje central del espectáculo, era el encargado de hacer reír con *sketchs* escritos a su medida.

El éxito del circo de José fue tan grande que compró una carpa y montó su propio circo batiendo récords de público durante varios años. Poco tiempo después, José Marrone debutó en el teatro de revistas, haciendo un monólogo sobre cómo trataba una familia al abuelo de la casa. Muy pocas veces ví reír al público de esa manera. Un público que lo seguía a todos lados, que le permitía decir y hacer lo que le viniera en gana. Los ademanes, gestos y sonidos de todas clases emitidos entre chiste y chiste y entre cuento y cuento divertían al espectador a tal extremo que en más de una ocasión hubo personas que se descompusieron de tanto reír.

Siguiendo su carrera de éxitos, José nuevamente hizo un impacto en la televisión argentina con la obra *Los trabajos de Marrone* rematando cada secuencia del mismo con una palabra que lo identificaría: «Cheeeeeeee».

Después, la historia se repetiría todos los años: éxitos, éxitos y más éxitos hasta que un día José partió en una gira sin retorno. ¡Gracias, Pepitito!

Enrique Pinti

Hojeando una revista de las que aparecen semanalmente, comencé a leer una nota elogiando al actor Enrique Pinti. La crítica era tan favorable que me llenó de curiosidad. El crítico elogiaba todo: la escenografía, el vestuario, la actuación de Enrique y a las demás personas que trabajaban en el espectáculo. Los elogios eran tantos, que me dije: «O la comedia es buenísima o el crítico es hermano de Pinti».

Nunca lo había visto actuar. Ni siquiera había escuchado su nombre, pero esa noche agarré el auto y enfilé derecho al teatro donde actuaba. Me senté en las décima fila, que es desde donde se ve mejor el espectáculo. El título de la comedia involucraba el nombre de Juan Moreira, su vida, pasión y muerte. Al levantarse el telón, veo aparecer a un extraño personaje vestido de gaucho tan, pero tan gracioso que me acomodé bien en la butaca para no perderme ningún detalle. Pinti esa noche actuó, cantó, bailó y creo que hasta se divirtió. Los textos estaban cargados de una ironía y conocimiento histórico que aquel que algo sabía de la vida de este personaje de leyenda seguramente disfrutó más que ninguno el espectáculo. Si Tato Bores en los monólogos tenía la particularidad de hablar rápido, Enrique Pinto era una ametralladora. A medida que iba pasando el tiempo descubrí que el estilo de Enrique era diferente; además contaba con la habilidad de hacer del público un cómplice perfecto. Sin duda alguna, Pinti sabía lo que hacía. Esa manera de decir los textos lo distinguía de los demás comediantes. De pronto, hizo un gesto que me hizo recordar a alguien. Sí, ¿pero quién? Después de unos minutos descubrí quién: Fernandel.

Poco tiempo después empecé a ver el nombre de Enrique Pinti actuando en distintos lugares. Nunca más pude verlo actuar puesto que nuestros horarios de trabajo eran los mismos.

Todo el mundo hablaba de Enrique Pinti, hasta que una vez, aprovechando que en mi trabajo había una tregua fui a verlo al Teatro Liceo. El teatro estaba lleno de bote a bote. Esa noche vi a un Pinto totalmente distinto del que había visto la primera vez. La producción era más potenciada que la del teatrito de San Telmo. La escenografía, la música, el vestuario era todo más importante. Pinti actuaba con más seguridad. Los textos llevaban consigo una denuncia y una crítica despiadada. Estaban cargados de ironías, llenos de verdades, verdades que involucraban a todo el mundo, pero principalmente a los políticos. Ni la reina de Inglaterra se escapaba.

Pinti también incursionó en el cine y en la televisión, pero era en el teatro donde se movía con mayor soltura y solvencia, siempre con

un lenguaje con amplia libertad y coraje, usando los explosivos califi-
cativos propios de su estilo que lo llevarían al éxito a este talentoso comediante.

Les Luthiers

Fidel Pintos, el notable cómico argentino nos decía siempre:
«Con solamente una cebolla podemos hacer llorar, pero búsquenme
un tubérculo que haga reír». Con eso nos quería decir algo que nosotros sabíamos de sobra: que es más fácil hacer llorar que hacer reír. Si
se lo propone, cualquiera puede elaborar un hecho dramático, pero
construir algo gracioso es más difícil que darle la mano a la Venus de
Milo o salir ileso de un tiroteo en un ascensor.

Para un cómico, no hay peor cosa que decir un chiste y que el público no se ría. Cuando tal cosa ocurre, no se sabe qué hacer para re-
mediar la situación. Si explicar el chiste es terrorífico, insistir sobre el
mismo es catastrófico.

¡Cuántas veces me habrá pasado que al subir al escenario para hacer un *sketch* el traspunte, unos segundos antes de salir, con preocupación me decía: «¡Esmérate porque el público está pintado y no lo hace
reír nadie! Así que si no te aplauden, no te preocupés. Es lo mismo que
tratar de jugar al fútbol sin pelota o tratar de encender una cerilla debajo del agua». Uno siente que va derechito al patíbulo. Cuando en-
frenta al público los ve de negro y encapuchados. Esos 15 minutos que
dura el *sketch* se transforman en 15 horas. Pareciera que el tiempo no
pasa nunca. Como una vez que actuando en el Teatro Maipo el director Julio Porter me preguntó si yo sabía hablar japonés.

Yo: ¿Por qué?
Julio Porter: Porque la función la compró una empresa japo-
    nesa y el teatro está lleno de nipones recién llegados.
Yo: ¿Todos japoneses?
Julio Porter: ¡Todos!
Yo: ¿Y qué digo?

Julio Porter: ¡Qué sé yo! No sé... decíles cualquier cosa. Habláles de tu abuelita o contáles cuando tomaste la primera comunión.

Al salir al escenario, para caerles simpático a los japoneses lo hice gritando: ¡Banzai! ¡Banzai! Silencio absoluto. Los japoneses ni se movían.

Yo: ¡Arigato! ¡Sayonara! ¡Kawasaki! ¡Mitsubishi! ¡Suzuki!

Nada. En síntesis, fue de terror. Por eso, a los cómicos habría que hacerles un monumento, por ejemplo, a Les Luthiers ese conjunto de muchachos que probablemente nunca pensaron que algún día harían reír a tanta gente. ¡Y vaya si lo han logrado! Las rutinas que presentan año a año son cada vez más efectivas y originales. Su humorismo lleno de sutilezas, está impregnado de una pretensión digna de aplaudir: la de querer ser cada vez mejores. Sus *sketchs* y parodias musicales demuestran que al paso de los años son como el vino añejo.

Este grupo de talentosos cómicos musicales es seguido por un público fiel y adicto a sus creaciones. Lo satisfactorio es lo bien que han hecho quedar al humorismo argentino en todas sus presentaciones en América y en Europa, revolucionando los conceptos tradicionales sobre el humor.

Señoras y señores: un aplauso grande para ¡Les Luthiers!

Los autores

Los autores rioplatenses, amén de ser grandes observadores de lo que pasaba a su alrededor, tenían una vasta cultura general y popular. Esto se hacía evidente en los libretos que escribían y que a los actores les correspondía dar vida. Esa cultura popular, más la maravillosa manía de indagar, investigar y descubrir lo que sucede dentro del hombre común hacía que los textos, aparte de ser graciosos tuvieran un brillo muy especial, brillo que en la actualidad lamentablemente brilla por su ausencia.

Gerardo Sofovich

Gerardo Sofovich fue sin duda uno de los autores más destacados del espectáculo. Descolló como autor y director en cine, teatro y televisión logrando récords jamás igualados. El *rating* alcanzado por sus máximas creaciones, *Polémica en el bar* y *La peluquería de don Mateo* fue tan grande que sobrepasó los sesenta puntos, dos puntos más que los obtenidos por la final de la Copa del Mundo de fútbol. Su olfato por lo popular más su cultura general, apoyados en la inteligente habilidad de sacarle lo mejor de sí a cada personaje hicieron que los componentes de su clan se lucieran ampliamente dando lo mejor de sus habilidades naturales. También supo rodearse de actores y actrices de tal calidad que llegaron a ser el sueño de cualquier autor.

En mi carrera profesional, uno de mis logros más altos se dio en mi trabajo en *Polémica en el bar* y *La peluquería de don Mateo*. Sofovich dirigió un equipo que, por más de treinta años consecutivos se ganó los aplausos y las preferencias de un público que nunca se olvidó de nosotros.

Gerardo, mi querido amigo de tantos años, estoy seguro que en tus momentos de sosiego y recordación añorarás, como yo, los momentos de camaradería que juntos pasamos con muchos de los que hoy ya no están pero que siguen vivos en nuestro recuerdo.

Los más grandes dibujantes y caricaturistas

Nuestra admiración y reconocimiento a los más grandes dibujantes del Cono Sur que con su arte y su humor nos han hecho reír, pensar, alertar y concientizar sobre lo que sucedía a nuestro alrededor. Muchas gracias a Quino, Caloi, Pepo, Hermenegildo Sabat, Fontanarosa, Divito, Ferro, Columba, Flacs, Fantasio, Lugoze, Silvestre Luarte (Silver), Calé, Salinas, Siulnas, Basurto, Garaycoechea, Dante Quinterno, Toño Gallo, Ianiro, Meliante, Ordoñez, Vigil, Mezzadra, Brocoli, Blotta.

Arquitecto

Escenario: un velatorio. Una familia está velando a la abuela que murió el día anterior a los 100 años . Rodean el cajón sobrinos, cuñados, hermanos, nietos, bisnietos, uno que otro tataranieto e hijos. Cada persona que viene a dar el pésame a los deudos dice las frases de siempre: «No sabe cuánto lo siento», «Lo acompaño en su dolor», «La vida es así, hoy usted mañana yo». Un hombre se acerca a uno de los hijos de la extinta y en voz baja, le dice, moviendo la cabeza en señal de dolor e impotencia: «No somos nada». El hijo le contesta: «¡Usted no será nada. Yo, soy arquitecto!»

Distracción

Escena en una iglesia. Un hombre bien vestido entra y se encamina hacia el altar mayor. Se arrodilla. Al rato entra un pordiosero, se dirige también al altar mayor y se arrodilla al lado del caballero.

> *Caballero*: Señor. Ante todo quiero pedirte perdón por mis pecados... Yo, que nunca te pedí nada, vengo a suplicarte con el corazón lleno de fe que...
>
> *Pordiosero* (interrumpiéndolo): Señor, consígueme algo para poder comer.
>
> *Caballero*: Como te iba diciendo, Señor, hoy vengo a pedirte que me hagas ganar la loto...
>
> *Pordiosero* (interrumpiéndolo de nuevo): Haz, Señor, que consiga algunos pesos para poder comer.
>
> *Caballero*: Hazme ganar la loto, Señor. El premio mayor son 10 millones de dólares. Si la gano, me podré comprar un departamento en Miami, un Cadillac que siempre fue mi ilusión... ah... y también quisiera comprarme una casa en Cancún, porque...
>
> *Pordiosero* (interrumpiendo por tercera vez): Yo sería muy feliz, Señor, si pudiera comprarme un trozo de carne, pan y frutas. Concédemelo, por favor.
>
> *Caballero*: ¿En qué habíamos quedado, Señor?... Ah, sí, en la casa de Cancún. La quiero con una piscina olímpica... y también un yate de...

Pordiosero (interrumpiendo por cuarta vez): ... y un poco de jamón. Con 50 pesos me arreglaría, Señor.

Caballero (echa mano a la billetera, saca un billete y se dirige al pordiosero): Toma 100 pesos y no me lo distraigas más... ¿Por dónde íbamos, Señor?

Padre, en ti confío

(Escenario: Un creyente en un valle inundado. Está abrazado a la chimenea en el techo de su casa. Con el agua a la cintura, clama a Dios.)

Creyente: Señor, tú que todo lo puedes, sácame de aquí. Gracias, Padre, porque en ti confío.

Se acerca un tipo en una balsa. Se dirige al creyente:

Tipo de la balsa: Oiga usted, suba. Suba que lo llevo.

Creyente: No, señor. No se moleste. Le he pedido a Dios que me saque de aquí y Él me va a sacar. Muchas gracias.

El hombre de la balsa se encoge de hombros y se va. El creyente sigue aferrado a la chimenea, mientras el agua sigue subiendo. En esto aparece un tipo en un bote.

Tipo del bote: Amigo, suba que lo llevo.

Creyente: No señor, gracias. Dios me va a sacar de aquí.

Tipo del bote: Oiga amigo, usted está en peligro de morir ahogado. Venga, que yo lo saco.

Creyente: Quédese tranquilo, señor, que Dios me va a salvar. Nada podrá apartarme de mi fe y confianza en Él.

El tipo del bote lo mira extrañado, y se va. Al creyente ya el agua le llega a las orejas. Sigue clamando:

Creyente: Señor... glup... Sácame de... glup... de esto... glup. En ti... glup... Confío.

Se acerca un tipo en una lancha a motor.

Tipo de la lancha: ¡Señor, señor! ¡A usted le hablo! ¡Suba a la lancha, rápido!

Creyente: ... glup... no, gracias.

Tipo de la lancha: ¡Venga, hombre! Suba que dentro de un rato nadie lo va a poder sacar de ahí.

Creyente: ¡Eso es lo que usted cree... glup! Mi Señor nunca me... glup... falló... glup... Él me sacará...

El tipo se va. El creyente muere ahogado. Llega al cielo donde se encuentra con el Señor.

Creyente: Señor, ¿por qué dejaste que muriera ahogado? ¡Cómo me fallaste, Señor!

Señor: ¿Cómo que te fallé? Primero te mandé una balsa, luego un bote, después una lancha a motor. ¿Qué esperabas, un submarino?

Ya conocía Miami

Manolo: Pepe, me dijeron que te casaste.

Pepe: Sí, es verdad. Hace dos meses.

Manolo: ¿Y a dónde fueron a pasar la luna de miel?

Pepe: Yo a Cancún y mi mujer a Miami.

Manolo: ¿Por qué no fuiste a Miami con tu mujer?

Pepe: Porque a Miami fui como diez veces.

Tercera Parte

El humor y yo

En la década del 50, el humor se basaba en textos que respondían a la demanda del ingenio popular aprovechando lo mejor posible la nutrida galería de personas, amén de los hechos históricos, deportivos y políticos que eran de dominio público. Los eventos sociales y culturales, nacionales e internacionales eran difundidos por periodistas expertos. Una condición sine qua non era el respeto por el oyente, destinatario final de todo el talento de los responsables de entretener, informar y educar. La música estaba siempre presente, tanto la autóctona como la internacional obedeciendo a las necesidades de las diferentes culturas y etnias que habitaban en el país, crisol de razas producto de la constante llegada de extranjeros. Uno de los hechos sobresalientes con respecto de la cultura eran los programas de preguntas y respuestas que educaban, informaban e ilustraban al radio oyente. Estos programas alcanzaban niveles de audiencia increíbles, transformándose así en una de las disciplinas preferidas por el público. Eran como un puente de tránsito inusitado entre el pueblo y la cultura general. La parte deportiva estaba a cargo de periodistas y narradores que eran un ejemplo de objetividad, virtud expuesta por verdaderos profesionales del medio. Los programas dedicados a la mujer y a la familia eran conducidos diariamente por una legión de consejeros sociales, médicos, económas y otros expertos cuyos sabios y prácticos consejos llenaban plenamente las inquietudes de los radio oyentes.

El destape paulatino

El avance de un mundo cada vez más transgresor comenzó lentamente a animar a una cinematografía cuyas historias contenían un lenguaje totalmente inédito. La publicidad de esta novedosa y audaz apertura fue haciendo que gran parte del público se inclinara cada vez más hacia esta nueva propuesta donde la censura era cada vez más débil y menos rigurosa. Después de la pos guerra, el neo realismo europeo comenzó a transitar por un mercado cinematográfico cuya audacia era cada vez más evidente. Uno de los artífices de esta nueva propuesta cinematográfica fue el director sueco Ingmar Bergman quien rompió todos los esquemas pre establecidos llegando a asombrar a todo un público que no estaba acostumbrado a este tipo de producciones, causando tal controversia que hasta los más acérrimos defensores del cine tradicional no pudieron librarse de la tentación de ver aunque fuera por una sola y única vez alguna de sus producciones.

El destape

No sé cómo ni cuándo comenzó una nueva modalidad que fue apareciendo tímidamente en algunos espectáculos. Esta modalidad era el doble sentido. El doble sentido consiste en decir una cosa que signifique otra. Esta forma de doble lectura fue ganando adeptos que gustosos empezaron a disfrutar de un estilo de humor distinto. La intención era siempre la misma: sorprender al espectador con lo inesperado. Esta manera de hacer humor llevaba implícitas connotaciones donde el ingenio estaba al servicio de historias en las que los protagonistas eran las relaciones y las actitudes ilegales que se contraponían a los códigos éticos de una sociedad conservadora.

Esta nueva modalidad de humor agresor se transformó con el tiempo en un estilo que la gente fue aceptando poco a poco, donde el actor y el público eran socios en esa novedosa y audaz propuesta. Uno de ellos fui yo. Después de haber debutado en la ciudad de Rosario en una exitosa comedia, fui contratado por la empresa del teatro Maipo para hacer dos sketchs. Los textos eran tan graciosos que llegué a divertirme

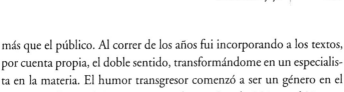

más que el público. Al correr de los años fui incorporando a los textos, por cuenta propia, el doble sentido, transformándome en un especialista en la materia. El humor transgresor comenzó a ser un género en el que yo me desenvolvía como pez en el agua. La televisión también empezó a sucumbir ante la fascinación de este nuevo estilo. Los aplausos y el éxito de mis películas y programas de televisión eran cada vez más significativos en mi carrera de actor. El éxito me sonreía, llegando a gozar de todo lo que el mundo me ofrecía. Poco a poco empecé a darme cuenta que tenía todo lo que había ansiado en mi juventud: fama, halagos y popularidad. Llegué a ganar todos los premios habidos y por haber. Pero empecé también a sentir que algo no andaba bien dentro de mí. Un vacío muy grande se acentuaba día a día en mi corazón. Entonces comprendí que lo que necesitaba no se podía comprar con dinero ni conseguir con fama y aplausos. Era la paz interior, esa paz que solo la da Jesús de Nazaret; entonces le abrí mi corazón a Cristo, arrepintiéndome de todos mis pecados y ofensas a Dios, reconociéndolo como mi único Señor y Salvador y prometí serle fiel por el resto de mi vida.

A partir de ese día comencé a disfrutar de una sensación de libertad que no había conocido antes. Fue como una avalancha de felicidad y paz interior que inundaba todo mi ser aprendiendo a disfrutar de las cosas simples de la vida como nunca lo hubiera imaginado. Era como si alguien especial me acompañara a todos lados las veinticuatro horas del día. Ese Alguien, al que no podía ver pero cuya presencia sentía permanentemente no me dejaba ni a sol ni a sombra.

Poco a poco fui descubriendo que al tomar la decisión de aceptar a Jesucristo necesitaba conocerlo más. Y noté que una luz de alerta se encendía dentro de mí cada vez que estaba a punto de olvidar el pacto que había hecho con Dios. Esa luz se hacía cada vez más ostensible debido a que mi relación con Dios se estaba debilitando. Me faltaba el alimento espiritual que consistía en conocer, mediante su Palabra escrita en la Santa Biblia, cómo Dios pensaba. Comencé a leerla y confieso que no fue nada fácil. Mis ansias de conocer y comprender el pensamiento de Dios me llevaron a sentir la necesidad que alguien me explicara el exacto sentido que encerraba ese nuevo idioma del espíritu. Después de varios intentos terminé por congregarme en una iglesia pentecostal pastoreada por el reverendo Guillermo Prein. Durante un largo tiempo asistí con mi familia a lo menos una vez en la semana. En esos cultos semanales obtuve mis primeros conocimientos del significado exacto de la Palabra de Dios y comprendí los cambios que debería hacer en relación con mi vida anterior, el significado y consecuencia del pecado, la gran cantidad de promesas que Dios tenía para mí y qué tenía que hacer para lograrlas.

En cuanto mi conversión a la fe cristiana comenzó a ser de dominio público, algunos se alegraron y otros dudaron. Estos últimos basaban sus dudas en que yo seguía trabajando en teatro y televisión de la misma forma que lo había hecho antes. Los inconversos dudaban más aún porque directamente no creían en el cambio en mi vida. Todo esto hizo que mi entusiasmo por el paso que había dado comenzara a tambalear porque mientras por un lado confesaba mi condición de creyente, por otro seguía divirtiendo al público con la misma receta de antes, cuyo ingrediente principal era el humor transgresor.

Lentamente, esta contradicción fue ganando terreno hasta que se desencadenó una batalla espiritual dentro de mi corazón. Me sentía hipócrita, confuso y hasta a veces cuando me congregaba llegué a verme como un intruso en la casa de Dios. Un día me encontré con mi amigo, el pastor Omar Cabrera a quien le dije lo que me pasaba y que no sabía qué hacer para resolver el problema. Me dijo que las cosas que yo no podía resolver las pusiera en las manos de Dios. También me pidió que no cayera en el desánimo ni en el pesimismo porque esa era una manera de dejar la puerta abierta para que entrara una avalancha de dudas y sentimientos de culpa, arma que usaría el enemigo para hacerme caer. Y también me recordó la armadura espiritual que Dios me había dado. Y me dijo que no dejara de orar. El tiempo fue pasando. Cada vez que Satanás ponía el pie para que yo cayera, ahí estaba la mano fuerte de Dios que me sostenía. La pregunta era siempre la misma: ¿Hasta cuándo Dios iba a permitir que yo siguiera trabajando de la manera que lo hacía? Así fue que cuando menos lo pensé, Dios me separó de todo lo que me afligía. En materia de trabajo me dio otras oportunidades. Pasé de ser cómico a gastronómico. Ahora tengo un restorán en Miami Beach.

Así transcurren mis días entre bifes de chorizos, fetuchinis y ravioles. Allí yo voy a comer bastante seguido porque es el único lugar donde no me cobran (que no se entere mi socio, Hugo Pozolli, alias «Il testone», a quien a pesar de sus 32 años lo quiero como a un padre).

Dios y el humor

El Señor Dios de los ejércitos tiene mucho humor, y del bueno. ¡Y vaya si lo tiene!

Dos de los dones naturales que el Todopoderoso le dio a los seres humanos son la imaginación y el humor. Como a mí me dio imaginación y humor de sobra, voy a permitirme usarlo (con todo el respeto que Dios se merece).

A veces lo imagino en silencio, pensativo; y otras, hablando con los animales, contándoles cómo iba a ser su máxima creación: el hombre. Y lo creó. Por fin ahora tenía con quien hablar, reír y compartir el Paraíso. Muchas veces Dios encontró a Adán en completa soledad. Y pensó: «Si los animales machos tienen una pareja hembra, ¿por qué no hacerle una compañera a Adán?» Dicho y hecho. Tomando una costilla de Adán, hizo la primer mujer y los dejó solos para que disfrutaran del Paraíso. Pero antes, les dijo: «Disfrutad de todo esto. Comed todos los frutos que deseéis; pero, eso sí, os recomiendo que no comáis ni una sola fruta de este árbol». Y les señaló el árbol de la ciencia del bien y del mal.

Adán y Eva se miraron con curiosidad. Era la primera vez que se encontraban frente a frente. Eva era muy bella, de formas graciosas y delicadas. Adán, boquiabierto y mudo por la emoción, no cesaba de mirarla. Sus ojos no podían creer lo que estaban viendo. La miraba, la miraba y la volvía a mirar sin emitir palabra alguna.

Eva: ¿Y a ti, qué te pasa? ¡Me miras como si nunca hubieras visto a una mujer!

Adán (tartamudeando por la emoción): No. No. Nunca había visto una mujer. Esta es la primera vez.

Eva: ¿Cómo que la primera vez?

Adán: Es que acá nunca hubo una mujer.

Eva: ¡No me vengas con esas historias!

Adán: Te digo la verdad. ¡Nunca hubo una mujer tan bella como tú!

Eva: ¡A cuántas les dirás lo mismo!

Adán: A ninguna, porque acá no hubo nunca una mujer. Tú eres la primera.

Eva: Y, por ejemplo, cuando ibas a un baile, ¿cómo te las arreglabas?

Adán: Bailaba con los animales.

Eva: ¿Me estás tomando el pelo? ¡No te creo nada de lo que me dices!

Adán: ¡En serio! Bailaba con los animales… pero tuve que dejar de hacerlo…

Eva: ¡Me imagino! ¿Era complicado, no?

Adán: ¡Complicadísimo! No era para nada gratificante. Cada uno de los animales tenía un defecto diferente; por ejemplo, la mona bailaba como la mona, el rinoceronte era un pesado, el pato no tenía un peso, siempre andaba pato, el lobo solo quería bailar con caperucita, el elefante estaba todo el día con trompa y con la jirafa no podía bailar mejilla a mejilla.

Eva: Entonces, ¿con quién bailabas?

Adán: Con Coñac.

Eva: ¿Quién es ese Coñac?

Adán: Un piojo.

Eva: ¿Por qué le dices Coñac?

Adán: Porque en seguida se me subía a la cabeza.

Eva: Entonces ¿yo vengo a ser la primera mujer en tu vida?

Adán: ¡Así es! A propósito, ¿cómo te llamás?

Eva: ¡Eva! ¿Y tú...? ¡No me digas nada, vos sos Juan Domingo!

Adán: ¿Qué Juan Domingo? ¡Mi nombre es Adán!

Eva: ¿Adán qué?

Adán: ¡Y... Adán!¡Adán, a secas! ¿Así que vos te llamas Eva? ¡Lindo nombre! Nunca lo había oído.

Eva: ¿Cómo que nunca? Eva, Evita. No me vas a decir que Evita no te es familiar... Te voy a dar una ayudita, a ver si te acordás: Don't cry for me Argentina.

Adán: No. No me recuerda a nada.

Eva: ¿Pero en qué mundo vivís vos? ¿No viste la película?

Adán: No. No la vi.

Eva: Y mi fotografía, ¿no la viste en el Paraíso Herald?

Adán: No. No la vi.

Eva: ¿Y en el Paraíso Tribune?

Adán: No. No la vi.

Eva: ¿Y en el Paraíso Post?

Adán: No. No la vi.

Eva: ¿Y en el Paraíso Vision?

Adán: Tampoco la vi.

Eva: ¡Qué futuro me espera! Hablando de otra cosa, me quiero hacer las manos y cortarme el pelo. ¿Qué estilista me recomendás?

Adán: Te recomiendo a Sammy.

Eva: ¿Sammy el peluquero?

Adán: ¡No, Sammy el gorila!

Eva: ¿Un gorila? ¿Y cómo corta el pelo?

Adán: ¡A mordiscones!

Eva: ¿A mordiscones? ¿Sin tijeras?

Adán: La economía anda mal. Estamos al borde de la cesación de pagos, con decirte que la hoja de parra que tengo puesta la compré hace siete años...

Eva: ¡Qué de problemas... tengo hambre! ¿No me vas a invitar a comer?... Ya sé... Llevame a A la pasta con Porcel.

Adán: ¿Porcel? ¿Quién es Porcel?

Eva: ¿Cómo que quién es Porcel? ¡Tené cuidado! A ver si te escucha y nos saca del libro.

Adán: ¿De qué libro nos va a sacar?

Eva: ¿Cómo de qué libro? A ver, decime, ¿qué es lo que más lee la gente?

Adán: Las páginas amarillas.

Eva: ¡No! Me refiero al best seller. ¿Sabés qué es best seller?

Adán: ¡Sí, el hermano de Peter Sellers!

Eva: ¡No hay nada que hacer! Vos ves una montura y te ponés solito debajo... Por lo menos invitame a comer alguna fruta... Me imagino que aquí se comerá gratis ¿no?

Adán: Sí. Es totalmente gratis; además, podés comer todas las frutas que quieras... Vamos al huerto que ahí hay frutas de las clases más variadas.

Eva: ¿Como que vamos? No me digás que aquí no hay delivery.

Adán: No. No hay. Tenemos que arrancarlas nosotros mismos.

Eva: Entonces, vamos. ¡Tengo unas ganas de comer manzanas!

Adán: ¡No! ¡Manzanas, no!

Eva: ¿Por qué manzanas no? ¿Qué tenés contra las manzanas? Para que sepas, la manzana es el alimento más sano y nutritivo que hay. Y si no lo creés, ¡mirame a mí! Yo como manzanas todos los días y mirá la silueta que tengo. Ni un rollo, ni un gramo de más, ni celulitis. Ya lo dice la publicidad: «De noche, de tarde o de mañana, coma manzanas, siempre manzanas». Así es que, vamos a comer manzanas.

Adán: ¡Manzanas, no!

Eva: ¡Manzanas, sí!

Adán: ¡No!

Eva: ¡Sí, te digo que sí!

Adán: ¡Y yo te digo que no!

Eva: ¿Quién me lo va a prohibir, vos?

Adán: ¡Sí, yo! ¡El macho del Paraíso!

Eva: ¡Ah, sí! ¡Taxi! ¿dónde hay un taxi?

Adán: ¿Se puede saber adónde vas?

Eva: ¡Me voy a casa de mi mamá!

Adán: ¿Qué mamá?

Eva: ¡Uy! Cierto que no tengo.

Serpiente: ¿Me permiten, por favor?

Adán: ¿Se puede saber quién es usted y por qué se mete en lo que no le importa?

Eva: ¡Dejalo hablar, por favor!

Serpiente: Se ve que la señora es sensata. ¿Sabe, señora, que usted tiene cara de inteligente?

Eva: ¡Muchas gracias, caballero! ¡Y (dirigiéndose a Adán) vos, aprendé del señor!

Serpiente: Solamente les pido un minuto para que reflexionemos. Esta discusión no tiene sentido y menos entre una pareja tan encantadora como la que forman ustedes. ¿Saben por qué les prohibieron comer la fruta de esta árbol? Como su nombre lo indica, este árbol es el árbol de la ciencia del bien y del mal. El día que coman de su fruto serán abiertos sus ojos y serán como Dios sabiendo el bien y el mal, y no morirán…

La mujer vio que el fruto del árbol era bueno para comer, y que tenía buen aspecto y era deseable para adquirir sabiduría, así que tomó de su fruto y comió. Luego le dio a su esposo, y también él comió. En ese momento se les abrieron los ojos, y tomaron conciencia de su desnudez. Por eso, para cubrirse entretejieron hojas de higuera. Cuando el día comenzó a refrescar, oyeron el hombre y la mujer que Dios andaba recorriendo el jardín; entonces corrieron a esconderse entre los árboles, para que Dios no los viera. Pero Dios el SEÑOR llamó al hombre y le dijo: ¿Dónde estás? El hombre contestó: Escuché que andabas por el jardín, y tuve miedo porque estoy desnudo. Por eso me escondí. ¿Y quién te ha dicho que estás desnudo? —le preguntó Dios—. ¿Acaso has comido del fruto del árbol que yo te prohibí comer? Él respondió: La mujer que me diste por compañera me dio de ese fruto, y yo lo comí. Entonces Dios el SEÑOR le preguntó a la mujer: ¿Qué es lo que has hecho? La serpiente me engañó, y comí —contestó ella. Dios el SEÑOR dijo entonces a la serpiente: «Por causa de lo que has hecho, ¡maldita serás entre todos los animales, tanto domésticos como salvajes! Te arrastrarás sobre tu vientre, y comerás polvo todos los días de tu vida. Pondré enemistad entre tú y la mujer, y entre tu simiente y la de ella; su simiente te aplastará la cabeza, pero tú le morderás el talón.» A la mujer le dijo: «Multiplicaré tus dolores en el parto, y darás a luz a tus hijos con dolor. Desearás a tu marido, y él te dominará.» Al hombre le dijo: «Por cuanto le hiciste caso a tu mujer, y comiste del árbol del que te prohibí comer, ¡maldita será la tierra por tu culpa! Con penosos trabajos comerás de ella todos los días de tu vida. Entonces Dios el SEÑOR expulsó al ser humano del jardín del Edén, para que trabajara la tierra de la cual había sido hecho. Luego de expulsarlo, puso al oriente del jardín del Edén a los querubines, y una espada ardiente que se movía por todos lados, para custodiar el camino que lleva al árbol de la vida (Génesis 3.3-17, 23-24).

El humor, Dios y el mundo

Muchos se estarán preguntando qué tendrá que ver el humor con Dios, y por qué tienen que estar unidos, como si el humor no formara parte de la vida del hombre. Yo creo firmemente que Dios está presente en todo lo que suceda en el mundo y fuera de él. Este mundo, habitado por miles de generaciones de seres humanos, por insectos, reptiles y toda clase de animales y seres vivientes, creación de Dios. Este mundo donde extensas aguas juegan con la tierra donde conviven las

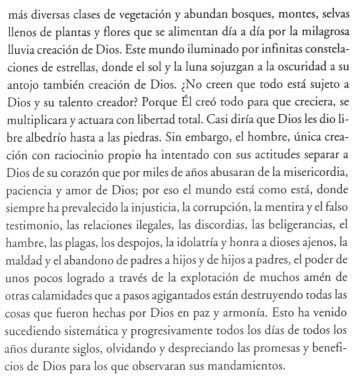

más diversas clases de vegetación y abundan bosques, montes, selvas llenos de plantas y flores que se alimentan día a día por la milagrosa lluvia creación de Dios. Este mundo iluminado por infinitas constelaciones de estrellas, donde el sol y la luna sojuzgan a la oscuridad a su antojo también creación de Dios. ¿No creen que todo está sujeto a Dios y su talento creador? Porque Él creó todo para que creciera, se multiplicara y actuara con libertad total. Casi diría que Dios les dio libre albedrío hasta a las piedras. Sin embargo, el hombre, única creación con raciocinio propio ha intentado con sus actitudes separar a Dios de su corazón que por miles de años abusaran de la misericordia, paciencia y amor de Dios; por eso el mundo está como está, donde siempre ha prevalecido la injusticia, la corrupción, la mentira y el falso testimonio, las relaciones ilegales, las discordias, las beligerancias, el hambre, las plagas, los despojos, la idolatría y honra a dioses ajenos, la maldad y el abandono de padres a hijos y de hijos a padres, el poder de unos pocos logrado a través de la explotación de muchos amén de otras calamidades que a pasos agigantados están destruyendo todas las cosas que fueron hechas por Dios en paz y armonía. Esto ha venido sucediendo sistemática y progresivamente todos los días de todos los años durante siglos, olvidando y despreciando las promesas y beneficios de Dios para los que observaran sus mandamientos.

¿Cómo hemos llegado a este estado de cosas? Primero, por no obedecer a Dios; segundo, por no confiar en Dios; tercero, por despreciar a Dios; cuarto, por desafiar a Dios. «El que permanece en mí, como yo en él, dará mucho fruto; separados de mí no pueden ustedes hacer nada» (Juan 15.5).

Dios y el Sida

Amén de todas las plagas conocidas una terriblemente mortal: el SIDA. Nadie sabe a ciencia cierta cómo se generó este virus, pero de lo que cada vez estamos más seguros es que este mal se has propagado por el mundo entero a causa de la promiscuidad sexual. La promiscuidad sexual ha sido, es y será uno de los azotes del mundo contemporáneo. Blenorragia, sífilis y otras manifestaciones sumadas al SIDA han llevado a la tumba a millones de seres humanos por desoír las advertencias de Dios. Son consecuencia del pecado que amenaza con terminar con la humanidad en poco tiempo. Decenas de organizaciones provida aconsejan protegerse mediante el uso de preservativos para poder seguir pecando con tranquilidad. Esa tranquilidad aparente que va el preservativo no previene la peor de las muertes: la muerte eterna. Porque si la gente oyera la Palabra de Dios y la pusiera en práctica no viviría con la duda terrible preguntándose día tras día: «¿Estaré infestado?» Pensar que dentro de pocos años morirán millones y millones de seres humanos a causa de este terrible mal mientras se sigue aconsejando protegerse para seguir pecando con tranquilidad. ¿Cuándo se reconocerá que la única solución a esre flagelo terrible es la ABSTINENCIA?

Promesas de Dios a sus hijos para prevenirlos del Sida y otros males

El que habita al abrigo del Altísimo se acoge a la sombra del Todopoderoso. Yo le digo al SEÑOR: «Tú eres mi refugio, mi fortaleza, el Dios en quien confío. Sólo él puede librarte de las trampas del cazador y de mortíferas plagas... Podrán caer mil a tu izquierda, y diez mil a tu derecha, pero a ti no te afectará.... ningún mal habrá de sobrevenirte, ninguna calamidad llegará a tu hogar (Salmos 91.1-3, 7, 10).

El mejor método para prevenir el SIDA: OBEDECER A DIOS.

A los rebeldes y desobedientes

¿Por qué se sublevan las naciones, y en vano conspiran los pueblos? Los reyes de la tierra se rebelan; los gobernantes se confabulan contra el SEÑOR y contra su ungido. Y dicen: «¡Hagamos pedazos sus cadenas! ¡Librémonos de su yugo! El rey de los cielos se ríe; el SEÑOR se burla de ellos (Salmos 2.1-5).

Porque tanto amó Dios al mundo, que dio a su Hijo unigénito, para que todo el que cree en él no se pierda, sino que tenga vida eterna.

Dios no envió a su Hijo al mundo para condenar al mundo, sino para salvarlo por medio de él. El que cree en él no es condenado, pero el que no cree ya está condenado por no haber creído en el nombre del Hijo unigénito de Dios. Ésta es la causa de la condenación: que la luz vino al mundo, pero la humanidad prefirió las tinieblas a la luz, porque sus hechos eran perversos. Pues todo el que hace lo malo aborrece la luz, y no se acerca a ella por temor a que sus obras queden al descubierto. En cambio, el que practica la verdad se acerca a la luz, para que se vea claramente que ha hecho sus obras en obediencia a Dios (Juan 3.16-21).

A los jóvenes

Alégrate, joven, en tu juventud; deja que tu corazón disfrute de la adolescencia. Sigue los impulsos de tu corazón y responde al estímulo de tus ojos, pero toma en cuenta que Dios te juzgará por todo esto. Aleja de tu corazón el enojo, y echa fuera de tu ser la maldad, porque confiar en la juventud y en la flor de la vida es un absurdo. Acuérdate de tu Creador en los días de tu juventud, antes que lleguen los días malos y vengan los años en que digas: «No encuentro en ellos placer alguno»; antes que dejen de brillar el sol y la luz, la luna y las estrellas, y vuelvan las nubes después de la lluvia (Eclesiastés 11.9 a 12.2)

A los que confían en Dios

Atiende, SEÑOR, a mis palabras; toma en cuenta mis gemidos. Escucha mis súplicas, rey mío y Dios mío, porque a ti elevo mi plegaria. Por la mañana, SEÑOR, escuchas mi clamor; por la mañana te presento mis ruegos, y quedo a la espera de tu respuesta. Tú no eres un Dios que se complazca en lo malo; a tu lado no tienen cabida los malvados. No hay lugar en tu presencia para los altivos, pues aborreces a los malhechores. Tú destruyes a los mentirosos y aborreces a los tramposos y asesinos. Pero yo, por tu gran amor puedo entrar en tu casa; puedo postrarme reverente hacia tu santo templo. SEÑOR, por causa de mis enemigos, dirígeme en tu justicia; empareja delante de mí tu senda. En sus palabras no hay sinceridad; en su interior sólo hay corrupción. Su garganta es un sepulcro abierto; con su lengua profieren engaños. ¡Condénalos, oh Dios! ¡Que caigan por sus propias intrigas! ¡Recházalos por la multitud de sus crímenes, porque se han rebelado contra ti! Pero que se alegren todos los que en ti buscan refugio; ¡que canten siempre jubilosos! Extiende tu protección, y que en ti se regocijen todos los que aman tu nombre. Porque tú, SEÑOR, bendices a los justos; cual escudo los rodeas con tu buena voluntad (Salmo 5).

A nuestros hijos adolescentes

El temor del SEÑOR es el principio del conocimiento; los necios desprecian la sabiduría y la disciplina. Hijo mío, escucha las correcciones de tu padre y no abandones las enseñanzas de tu madre. Adornarán tu cabeza como una diadema; adornarán tu cuello como un collar. Hijo mío, si los pecadores quieren engañarte, no vayas con ellos. Éstos te dirán: «¡Ven con nosotros! Acechemos a algún inocente y démonos el gusto de matar a algún incauto; traguémonos a alguien vivo, como se traga el sepulcro a la gente; devorémoslo entero, como devora la fosa a los muertos. Obtendremos toda clase de riquezas; con el botín llenaremos nuestras casas. Comparte tu suerte con nosotros, y compartiremos contigo lo que obtengamos.» ¡Pero no te dejes llevar por ellos, hijo mío! ¡Apártate de sus senderos! Pues corren presurosos a hacer lo malo; ¡tienen prisa por derramar sangre! (Proverbios 1:7-16).

A nuestros hijos varones

La sabiduría vendrá a tu corazón, y el conocimiento te endulzará la vida. La discreción te cuidará, la inteligencia te protegerá. La sabiduría te librará del camino de los malvados, de los que profieren palabras perversas, de los que se apartan del camino recto para andar por sendas tenebrosas, de los que se complacen en hacer lo malo y festejan la perversidad, de los que andan por caminos torcidos y por sendas extraviadas; te librará de la mujer ajena, de la extraña de palabras seductoras que, olvidándose de su pacto con Dios, abandona al compañero de su juventud. Ciertamente su casa conduce a la muerte; sus sendas llevan al reino de las sombras. El que se enreda con ella no vuelve jamás, ni alcanza los senderos de la vida (Proverbios 2:10-19).

A nuestros hijos rebeldes

Hijo mío, conserva el buen juicio; no pierdas de vista la discreción. Te serán fuente de vida, te adornarán como un collar. Podrás recorrer tranquilo tu camino, y tus pies no tropezarán. Al acostarte, no tendrás temor alguno; te acostarás y dormirás tranquilo. No temerás ningún desastre repentino, ni la desgracia que sobreviene a los impíos. Porque el SEÑOR estará siempre a tu lado y te librará de caer en la trampa. No niegues un favor a quien te lo pida, si en tu mano está el otorgarlo. Nunca digas a tu prójimo: «Vuelve más tarde; te ayudaré mañana», si hoy tienes con qué ayudarlo. No urdas el mal contra tu prójimo, contra el que ha puesto en ti su confianza. No entres en pleito con nadie que no te haya hecho ningún daño. No envidies a los violentos, ni optes por andar en sus caminos. Porque el SEÑOR aborrece al perverso, pero al íntegro le brinda su amistad. La maldición del SEÑOR cae sobre la casa del malvado; su bendición, sobre el hogar de los justos. El SEÑOR se burla de los burlones, pero muestra su favor a los humildes. Los sabios son dignos de honra, pero los necios sólo merecen deshonra (Proverbios 3.21-35).

A los que adoran imágenes, ídolos y dioses falsos

Los que fabrican ídolos no valen nada; inútiles son sus obras más preciadas. Para su propia verguenza, sus propios testigos no ven ni conocen. ¿Quién modela un dios o funde un ídolo, que no le sirve para nada? Todos sus devotos quedarán avergonzados; ¡simples mortales son los artesanos! Que todos se reúnan y comparezcan; ¡aterrados y avergonzados quedarán todos ellos! El herrero toma una herramienta, y con ella trabaja sobre las brasas; con martillo modela un ídolo, con la fuerza de su brazo lo forja. Siente hambre, y pierde las fuerzas; no bebe agua, y desfallece. El carpintero mide con un cordel, hace un boceto con un estilete, lo trabaja con el escoplo y lo traza con el compás. Le da forma humana; le imprime la belleza de un ser humano, para que habite en un santuario. Derriba los cedros, y escoge un ciprés o un roble, y lo deja crecer entre los árboles del bosque; o planta un pino, que la lluvia hace crecer. Al hombre le sirve de combustible, y toma una parte para calentarse; enciende un fuego y hornea pan. Pero también labra un dios y lo adora; hace un ídolo y se postra ante él. La mitad de la madera la quema en el fuego, sobre esa mitad prepara su comida; asa la carne y se sacia. También se calienta y dice: «¡Ah! Ya voy entrando en calor, mientras contemplo las llamas.» Con el resto hace un dios, su ídolo; se postra ante él y lo adora. Y suplicante le dice: «Sálvame, pues tú eres mi dios.» No saben nada, no entienden nada; sus ojos están velados, y no ven; su mente está cerrada, y no entienden. Les falta conocimiento y entendimiento; no se ponen a pensar ni a decir: «Usé la mitad para combustible; incluso horneé pan sobre las brasas, asé carne y la comí. ¿Y haré algo abominable con lo que queda? ¿Me postraré ante un pedazo de madera?» Se alimentan de cenizas, se dejan engañar por su iluso corazón, no pueden salvarse a sí mismos, ni decir: «¡Lo que tengo en mi diestra es una mentira!» (Isaías 44:9-20).

Por eso, los que creen en Dios y reconocen a Jesucristo como su Señor y Salvador personal, obedecen sus consejos y mandamientos, y los ponen en sus vidas como prioridad absoluta activándolos por medio de la obediencia y cumplimiento se harán acreedores de los beneficios y promesas llenando sus vidas de gozo, de paz interior, de salud divina. Y con muy buen humor, si es que usted quiere. Y si no quiere, no dude que va en camino de un lugar donde le aseguro que no hay acondicionado.

Porcel

Postdata: Nos vemos en el Paraíso si es que usted quiere. ¡La decisión es suya!

DESCUBRE EL CAMINO HACIA LA INTIMIDAD CON DIOS

La *Biblia de Estudio Misionera* se elaboró para ayudarte a cultivar una relación con Dios.
Esa que buscas desde hace tiempo y que Dios creó para ti. Asimismo, es el corazón de Juventud Con Una Misión (JuCUM). Al fin, he aquí una Biblia que te ayudará a despejar las dudas de tu crecimiento y preparación cristianos y te ayudará a determinar dónde te encuentras en el camino hacia la madurez. Si quieres dejar la vida cristiana monótona, esta Biblia es para ti.

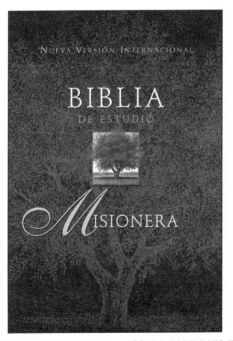

ISBN 0-8297-2178-9   ISBN 0-8297-2179-7

SANTA BIBLIA NVI

- Claridad para la lectura pública y privada, la memoraización, la predicación y la enseñanza.
- Fidelidad a los textos originales hebreo y griego, de los cuales se hizo directamente la traducción.
- Dignidad y elegancia en lenguaje contemporáneo.

ISBN 0-8297-2988-7

PABLO UNA NOVELA

El magistral narrador Walter Wangerin, hijo, nos presenta la vida
y la época del hombre que llevó el cristianismo al mundo. He aquí
a Pablo... la persona viva y compleja vista a través de los ojos de
sus contemporáneos. Wangerin hace una descripción conmovedora
y multifacética del vehemente carácter del mensaje evangélico
que venció las barreras culturales para avivar una fe que
iluminaría los siglos.

ISBN: 0-8297-3187-3

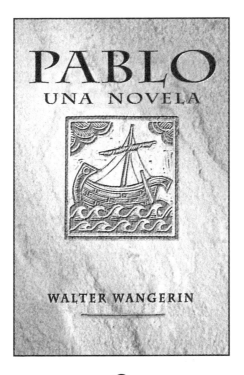

Nos agradaría recibir noticias suyas.
Por favor, envíe sus comentarios sobre este libro
a la dirección que aparece a continuación.
Muchas gracias.

ZONDERVAN

Editorial Vida
8325 NW. 53rd St., Suite #100
Miami, Florida 33166-4665

Vidapub.sales@zondervan.com
http://www.editorialvida.com